Success15 fifteen

サクセス15
January 2014
1

http://success.waseda-ac.net/

■ CONTENTS ■

一流中学
高校受験

早稲田アカデミーは

新小1
～
新中3

新入塾生受付中！

「本気でやる子」を育てる。

私達は学習することを通して本気で物ごとに取り組み、
他に頼ることなく自分でやり通すことのできる子を育てることを目標としていま

早稲田アカデミーは、現在では**「開成高校 70 名合格」「早慶高 1399 名合格」「御三家中 333 名合格」**などの合格実績を残し全国でも有数の進学塾へと発展しましたが、**「本気でやる子を育てる」という教育理念は創立当初から変わっていません。**

本当に「本気」になるなんて長い人生の中でそう何度もあることではありません。受験が終わってから「僕は本気で勉強をしなかった」などと言い訳をすることになんの意味があるのでしょうか。どうせやるのだったら、どうせ受験が避けて通れないのだったら思いっきり本気でぶつかって、自分でも信じられないくらいの結果を出して、**周りの人と一緒に感動できる受験をした方が、はるかに素晴らしい**ことだと早稲田アカデミーは考えます。

「本気になる」ということは口で言うほど簡単なことではありません。しかし、**本気になってがんばって目標を達成した経験は必ず子ども達の将来の役にたちます。**避けて通れない受験を消極的に捉えるのではなく、自分が試される一つのチャンス、試練と思って一緒にがんばりましょう。**早稲田アカデミーは本気でがんばるキミ達を全力で応援します。**

早稲田アカデミー
イメージキャラクター
伊藤萌々香（フェアリーズ）

1月
無料体験授業
実施
新小1～新中3

※No.1表記は2013年2月・3月当社調べ

1月から
無料

入塾テスト

（土 曜　14:00～
日曜（祝日）10:30～）

●小学生／算・国　※小5・小6受験コースは理社も実施　●中学生／英・数・国

1月から
毎週　**土・日曜（祝日）**

●校舎により時間が異なる場合がございます。　※1/1・5を除く

入塾説明会

●校舎により日時が
異なる場合がございます。

最新の受験資料集を無料で配付

1/13（祝）　**1/25（土）**
10：30～　10：30～

志望校別直前対策なら早稲アカ！

中3

必勝コース正月特訓

集中特訓で第一志望校合格へ大きく前進!!

設置クラス
- 必勝5科コース：筑駒クラス、開成クラス、国立クラス
- 必勝3科コース：選抜クラス、早慶クラス、難関クラス

12／30（月）～1／3（金）　全5日間
8:30～12:30／13:30～17:30

ご参加頂くには、入会資格審査をご受験ください。

中3男女 対象　帰国生・地方生に朗報！

早稲田アカデミーの志望校別コースのトップ講師が授業を担当します。

慶應義塾湘南藤沢高等部対策授業　無料

【会　　場】早稲田アカデミー池袋本社５号館
【対　　象】慶應湘南藤沢高受験予定者
（受験資格がある方が対象となります）
【時　　間】10：00 ～ 17：00　※早稲田アカデミーに通っている方が対象です。

12/25（水）

ネット・携帯で
簡単申込み!!

一流中学
高校受験

早稲田アカデミー

お申し込み、お問い合わせは

冬休みの勉強法

和田式 ケアレスミス撃退法

定期テストや模擬試験で、「ケアレスミスをしなければ、あと10点は取れていたのに…」と、悔しい思いをしたことはありませんか。じつは、成績や偏差値をあげたいなら、勉強と同時にケアレスミス対策を行うことが重要なのです。すぐにでも始められるケアレスミス対策のポイントを、「和田式教育的指導」でもおなじみの和田秀樹さんにお聞きしました。

和田秀樹

Hideki Wada

学力はいまのままでもケアレスミスをなくすだけで偏差値はあがる

和田秀樹

東京大学医学部卒、川崎幸病院精神科顧問、国際医療福祉大学大学院教授、緑鐵受験指導ゼミナール代表を務める。受験関係の著書も多く、ケアレスミス対策本として近著に『ケアレスミスをなくす50の方法』（ブックマン社）がある。

ケアレスミス対策の重要性を再確認しよう

冬休みから取り組むことのできるケアレスミス撃退法をお教えします。まずは、ケアレスミス対策の重要性についてお話ししましょう。

もし、あなたの偏差値が勉強した結果5ポイントあがったとします。その場合、受験する志望校も、5ポイント上の学校を選ぶと思います。このように、多くの場合、偏差値があがればあがったなりに志望校のレベルも上になるので、自分の学力があがったからといって楽な受験になるということはなく、1点を争う厳しい試験であるのに変わりはないのです。

つまり、実力相応校の入試では、受験生全員が受かる可能性もある代わりに、全員が残念な結果となる可能性もあると言えます。

こうした厳しい状況で合否を分ける要因は、当日のコンディションや緊張度合い、得意分野からの出題や、たまたま解法を知っている問題が出てスムーズに取り組めたなどさまざまです。しかし、一番多いのが、ケアレスミスの影響なのです。「まぁまぁできたかな」という手応えがあったのに落ちてしまったという場合はほとんどがケアレスミスによる失点が原因です。

学力は足りているのに、ケアレスミスで落ちる人は、じつは多いのです。

ですから、受験勉強と平行して、ケアレスミス対策も時間を割いてしっかりと取り組むことをおすすめします。逆に言えば、ケアレスミスを完全になくすことができれば、いまの学力のままでも偏差値を10あげることさえもできるでしょう。

「気をつける」だけではなくならないミス

次に、ケアレスミス対策にどのように取り組めばよいのかをご説明します。まず重要なポイントとして、ケアレスミスは「気をつけていればなくなる」「何回も見直しをすればなくなる」というありきたりな方法ではあまり効果がないということを頭に入れてください。

もちろん、それによっていくらかはケアレスミスを回避することもできるでしょう。しかし、それだけではミス対策としてはまだ不十分です。

なぜなら、ケアレスミスを引き起こ

す原因にはさまざまなパターンがあり、各要因ごとに対処方法も変えていかなければならないからです。

また、やりがちなケアレスミスのパターンは人それぞれです。例えば、同じような問題でいつも計算間違いをしてしまう、冠詞をつけ忘れてしまう、焦って問題文を読み間違えてしまうなどです。ただやみくもに「気をつける・見直す」ことよりも、自分がどのようなミスをしやすいのかを分析したうえで問題に取り組んだ方が効率よくミスを撃退できるのです。

まずはケアレスミスについての知識を増やすこと、そして、自分のミスと向きあい、よくやりがちなパターンを分析すること。この2つが重要です。ケアレスミスの原因別の対策方法については、次のページから詳しく説明します。

入試本番までにミスが見つかればむしろラッキー!?

自分のミスと向きあうには、間違えた問題を復習し、ミスの原因を探ることが必要です。ミスをするたびにノートに書き出し、なぜミスをしたのかを分析する作業を繰り返しましょう。続けていくと、自分がよくしてしまうミスのパターンを知ることができます。

そして重要なのが、分析するだけではなく同じミスを二度としないように心がけることです。同じミスをしないということは、それ以降失点する可能性が減るということです。

多くの受験生は、ケアレスミスをしてもそのままにしておくので、また同じようなミスをしてしまいます。

中3の受験生は、直前期ということもあり焦りもあるかもしれませんが、勉強にプラスしてミス対策にも時間を割いてください。前述したミス対策ノートを作る時間がないという場合は、これまでに受けた模擬試験などを見直して、ミスをした問題をすべてチェックし、同じようなミスをしないように気をつけましょう。それだけでも十分に効果があります。入試本番までにミスが見つかればそれを減らすことができます。むしろラッキーだと考えてミス対策に取り組んでください。

中1・中2生は、いまからじっくりとミス対策に励みましょう。勉強と平行してミスの見直しと分析を行い、1つでも多くのミスを減らせるように心がけましょう。

いまからできる ケアレスミス対策のポイント

◎ **勉強と平行してケアレスミス対策にも時間を作って取り組む。**

ケアレスミスをしないだけで得点はアップする。勉強とは別にミス対策に時間を割くことがポイント。

◎ **ケアレスミスをした問題をチェックし、自分がどんなミスをしたか見直す。**

ミス対策とは自分のしたミスと向きあうこと。間違えた問題はノートに書き出してみよう。時間のない受験生は模擬試験の見直しだけでも効果がある。

◎ **二度と同じミスをしないように気をつける。**

同じミスは二度としないぞ、と強く心がけること。そうすることでケアレスミスによる失点を減らせて結果的に得点アップにつながる。

よく起きるケアレスミスはこう直せ!!〈症状&対策法〉

No1 油断や慢心

どんな症状?

試験のときに、問題を見て「これは大丈夫」、「楽勝だな」と思ってしまったことはありませんか。気を緩めて問題に取り組んだ結果、意外なところで点数を落としてしまうのが油断や慢心から来るケアレスミスです。

試験時のアドバイスとして、「問題をひと通り見てから取り組もう」というものがあると思います。

このアドバイス自体は悪いことではありませんが、そうしてざっと目を通したときに、「思ったより易しそう」と思ったところに落とし穴が待っているのです。

対策法は…

自信を持つのはいいことですが、それが慢心になってしまうとケアレスミスにつながります。7ページにもあるように、実力相応校を受けている場合は、周りもみんな同じなのです。

だから、あなた自身が「よし、いけそうだ」と思ったときは、周りの受験生も同じように感じているというふうに考えましょう。そうして、「この試験は易しそうだから、取りこぼしはしないようにしよう」とか、早く解き終わったら、「見直しをいつもよりも慎重にやろう」と思えば、落とし穴にハマる可能性が下がってくるでしょう。

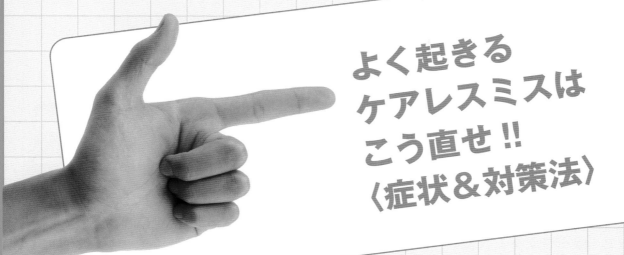

No2 緊張と焦り

どんな症状？

緊張と焦りは、油断や慢心と対極にあるものです。試験問題を見たときに「難しい」、「できないんじゃないか」と思うと緊張し、焦りが出ます。そうすると、本来なら解けるはずの問題が解けないということになってきます。じつは、人は適度な緊張状態にあれば、集中力が高まることにもつながります。しかし、緊張や焦りが度を過ぎると、試験中にパニックを起こし、本来ならケアレスミスをしないようなところでミスをするということになります。

対策法は…

入試本番はもちろん、模擬試験であっても、適度なスタンスをとって臨むのは難しいものです。だから、「油断や慢心」のところで触れたことと同様、あなたが「難しい」と思った問題は、ほかの多くの受験生もそう思っていると考えましょう。自分だけじゃない、そう思えれば、難しくてもとにかく1点でも稼ごう、そのためにどうするかと考えられるはずです。

思い通りにいかないからといって、手も足も出さないのか、とにかく手や足だけでも出しておくのか。その差は大きいはずです。

No3 思い込んでしまう

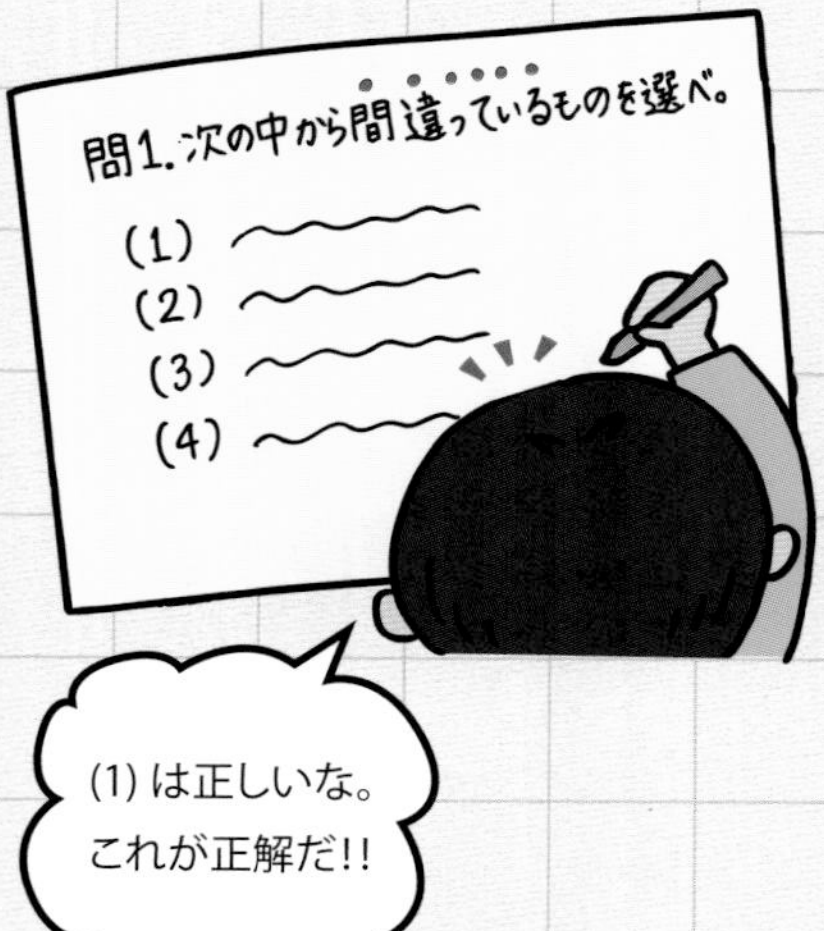
問1. 次の中から間違っているものを選べ。
(1)
(2)
(3)
(4)
(1) は正しいな。
これが正解だ!!

どんな症状？

「この答えになるに決まっている」、「こうなるだろう」と思い込んで問題に取り組んだ結果、普段なら決してしないようなケアレスミスが出たり、出題者の意図通りに引っかかってしまうことがあります。

それだけではなく、思い込みで解き進めていった場合、できるはずと自分で思っているのに途中で引っかかってしまったときには軌道修正が難しくなります。人間は、「これでできるはず」というふうに思い込んでしまうと、あとから修正するのはなかなか難しいものなのです。

対策法は…

入試問題というのは、素直な問題だけではありません。いわゆる「引っかけ問題」が出題されることもあります。数学のこの問題のパターンならこう解くと見せかけておいて、じつはそうじゃない、とか、英語の正誤問題で、文章全体をつかんでおかないと、一見正解に思える問題が間違っているということが起こるのです。

ですから、これでいけそうだ、と思ったときほど、うまく解き進められなくなった時点でほかの解法を試してみる柔軟性を持つことを心がけましょう。

No4 見切り発車！

どんな症状？

試験においては、途中まで解き進めていって、そこで解答にいたらない問題があれば、そこが時間のロスになってしまいます。

このロスをできるだけ減らすということは入試本番の重要なポイントの１つにあげられます。そのために、どの問題が解けそうか、また時間がかかりそうかを見極めながら解いていくべきです。

見切り発車で取り組んでしまうと、途中で解けなくなってしまいます。このパターンでつまづいた場合は、部分点ももらえないことが多いのです。

対策法は…

見切り発車をしがちな人は、模試や過去問演習において、問題を解いていく戦略を立ててみましょう。「これは前にやったけど、ちょっと自信がないな」と思った問題は「まあやってみよう」と安易に手をつけてしまうのではなく、確実に解けるほかの問題からやっていくのです。

もちろん、うろ覚えでもいいから、答えておいた方がいい問題もありますから、一概には言えませんが、できるかどうかあやふやな問題にいつも手を出して失敗する人は、こういう考えを頭に入れておいてください。

No5 疲労と集中力の低下

どんな症状？

まず、この時期の疲労にはいくつかのパターンがあります。１つは入試直前まで、毎日15時間勉強をして頑張り過ぎた結果、肝心な本番時には心身ともに疲れているというもの。　もう１つは、併願校を含めていくつも試験を受ける人が、連日の入試によって大切な本命校の前に疲れてしまうパターンです。また、最後の１週間、苦手な英語しかやらない、という人もいるようですが、そこでうまく波に乗ることができればいいものの、反対に英語に対する集中力が落ちるということもあります。

対策法は…

まずは、ここまで述べてきたように、周りの人も実力相応校を受けているのだから、疲労が残るほど無理をする必要がないという意識を持つことです。また、試験本番で「疲れているな」「集中力が途切れているな」ということにならないよう、日ごろからうまく休憩を入れることを考えましょう。

当日も、疲れていると感じるならば、試験と試験の間は、少しほかのことを考えてみたり、飼っているペットの写真など、見ると自分がリラックスできるものを持っていって、ながめてみるということも大事です。

まとめ

人それぞれケアレスミスの原因は違いますが、ケアレスミスを繰り返す場合は同じ症状であることが多いです。自分がどんなパターンでケアレスミスを繰り返すのかを把握して、残りの期間、対策法を意識して受験勉強に取り組んでみてください。

今日から実践！

受験直前期の健康維持法

もうすぐ入試本番、いまは最後の追い込みの時期ですね。今回の特集では、この時期から入試が終わるまでの期間を健康に過ごすために、日々の生活から実践したいことや、役立つグッズを紹介します。まずこの季節に注意が必要な病気をみてみましょう。

インフルエンザ

インフルエンザウイルスが原因で引き起こされ、毎年12～3月に流行します。A型（ソ連型・香港型）・B型・C型・新型に分類され、潜伏期は１～４日程度、完治するまでは発症翌日から７日間、さらに解熱後２日間とされています。

38度以上の高熱、悪寒や関節痛の全身症状、喉の痛みなどの呼吸器症状が現れます。

急激な発熱があった場合はできるだけ早く医療機関を受診しましょう。発症から48時間以内であれば、抗インフルエンザ薬により症状が大きく改善します。アスピリンやロキソニンなどの解熱剤は副作用を引き起こす可能性があるので、解熱剤が必要なときは医療機関で処方してもらいましょう。

ウイルス性胃腸炎

ノロウイルス・ロタウイルス・アデノウイルスなどのウイルスが原因です。人の手などを介し、ウイルスが口に入ると感染します。

おもな症状は急激な吐き気・嘔吐・腹痛・下痢・発熱などです。

特別な治療法はなく、症状を軽減するための対症療法となります。下痢・嘔吐による脱水症状に注意しましょう。

風邪症候群

ＲＳウイルスやアデノウイルス、ライノウイルスなどの感染症の総称であり、いわゆる風邪です。

鼻水・鼻づまり・咳《せき》・痰《たん》・のどの痛みなどの症状が出ます。熱はインフルエンザほど高くはなりません。

風邪症候群に対する抗ウイルス薬はありませんので、身体をゆっくり休めることが回復への１番の近道です。十分な睡眠と栄養のある食事をきちんととるようにしましょう。また、脱水にも注意が必要なので、水分補給も忘れてはいけません。多くの場合、自然に治りますが、１週間以上症状が続いたり、症状が重い場合は医療機関を受診した方がよいでしょう。

マイコプラズマ肺炎・百日咳

どちらも細菌による呼吸器感染症です。それぞれマイコプラズマ細菌・百日咳菌により引き起こされます。

乾いた咳がおもな症状で、微熱が長く続くこともあります。

悪化すると肺炎や髄膜炎を起こす可能性があるので、咳が１～２週間続いた場合は、医療機関を受診するようにしましょう。

健康を維持するために毎日実践したい5つのこと

右ページで紹介したインフルエンザや風邪は、くしゃみや咳に含まれたウイルスが飛んでくることで感染してしまいます。予防するには人が多く集まる場所を避け、くしゃみや咳をできるだけ直接浴びないようにすることが大切です。

しかし、みなさんは学校や塾など、人が多いところへ行く機会も多いですよね。そこで健康を維持するために毎日してほしい5つのことを紹介します。簡単にできるものばかりですので、さっそく実践してこの時期を健康に過ごしてください。

1 うがい

イソジンなど多くのうがい薬が市販されていますが、必ずしもそれらを使ってうがいをしなければならないというわけではありません。真水でうがいをしても十分効果はありますので、帰宅時だけでなく外出先でもこまめにうがいをしましょう。

2 手洗い

普段、生活しているとさまざまなものに触れるため、手や指に菌がつくのは仕方がないことです。

だからこそ手洗いの際は、手のひらや指といったためだつ部分だけでなく、指と指の間や指の先など、忘れがちな細かい部分まで丁寧に洗いましょう。

3 マスク

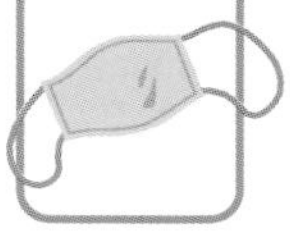

ウイルスはとても小さいため、マスクをしていてもその隙間から菌が入り込んでしまうことあります。しかし、直接くしゃみや咳を浴びないという点でマスクは大いに役立ちます。

マスクは柄つき、香りつきなど豊富な種類が販売されていますので、自分好みのマスクを見つけてください。

4 加湿

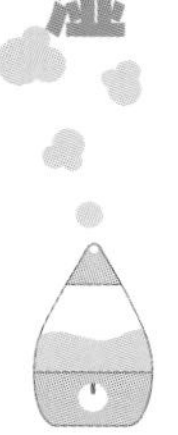

空気が乾燥するこの時期は、鼻やのどの粘膜も乾きやすくなります。これらの粘膜が乾くと身体の働きも弱まり、病気にかかりやすくなってしまいます。

それを防ぐためにも、加湿器を使用する、室内に洗濯物を干す、水を張るなど空気を乾燥させせないようにしましょう。

5 タオルを共有しない

おうちでうがいや手洗いをしたあとは、家庭内でタオルを共有せず、ペーパータオルを用意したり、各自が別のタオルを使うようにしましょう。タオルを共有したことから感染してしまうケースもあるので、注意が必要です。

＊＊＊

以上で紹介した5つのこと以外にも、身体が冷えて体温が下がると免疫力が弱まり病気にかかりやすくなるので、勉強中や寝る前に、冷えがちな足元を暖めることも忘れないようにしてください。

健康維持に役立つグッズ紹介

【化粧品】

バブルガード（300ml）

シャボン玉石けん株式会社

630円

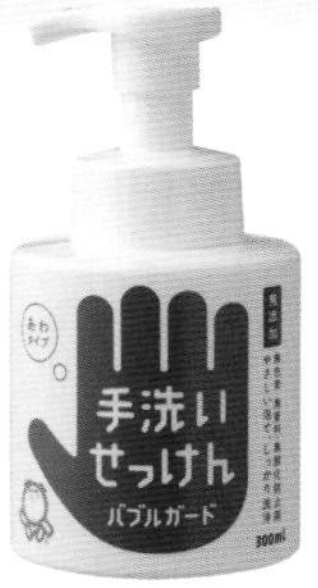

香料・着色料・酸化防止剤・アルコールなどを使用していない無添加石けんです。手肌へのやさしさはそのままに、インフルエンザやノロウイルスなどの感染症予防に有効です。１週間から10日間かけて丁寧に作られた石けんは天然の保湿成分が含まれ、洗いあがりはしっとりとします。

【雑　貨】

たためる携帯コップ

株式会社マーナ

480円

つまみを引き上げるとコップになり、収納カバーをつけてコップの底を上から押すだけで16mmの薄さにたたむことができます。かさばらず、持ち運びも簡単なので、外出先でうがいをするときに便利です。全９色のなかから自分好みの色を見つけましょう。2010年にグッドデザイン賞を受賞しました。

【雑　貨】

サニーク 加湿ぬれマスク

（無香タイプ レギュラーサイズ 3セット入り）

株式会社 白元

367円

マスクのポケット部分にウェットフィルターが備わっているため、マスク内側は加湿状態が続きます。そのため、装着しているだけで自然にのどがうるおい、乾燥を防げます。耳かけ部分には伸縮性のある素材を使い耳が痛くなりにくい工夫もされているので、就寝時などに長時間つけても快適なつけ心地です。

【雑　貨】

クリスタルヴェールマスク防菌24

エーザイ株式会社

1,381円

マスクから10㎝離して、マスクの表・裏の両面に、３～４プッシュスプレーし、よく乾かします。特許を受けている持続性防菌成分Etakが、スプレーした部分に防菌ヴェールを作り、ウイルス・菌がマスクに付着するのを24時間防いでくれます。防菌ヴェールで長時間マスクをつけていても安心です。

【雑　貨】

レンジでゆたぽん（レギュラーサイズ）

株式会社 白元

1,050円

電子レンジであたためるだけで使えるお手軽ゆたんぽ。昨年、洗える専用カバーをリニューアルし、肌触りがよりよくなりました。あたたかさは約７時間も持続、さらに何度も繰り返し使えるので経済的です。大きさが２倍の「レンジでゆたぽんＬサイズ」や、「レンジでゆたぽん首肩用」も販売されています。

【指定医薬部外品】

手ピカジェル（60ml）

健栄製薬株式会社

525円

いつでもどこでも使える手指用の消毒用アルコールジェルです。水や石けんを使わず、細菌・ウイルスをすばやく消毒。適量を手指に取り、よくすり込みましょう。持ち運びしやすいサイズなので、外出時にも重宝します。保湿成分であるヒアルロン酸が配合されているのも嬉しいポイントです。

※価格はすべて税込で表示しています。

トウダイデイズ

現役東大生が東大での日々と受験に役立つ勉強のコツをお伝えします。

Vol.010

冬休みを有効活用して弱点科目を克服しよう

text by 平（ひら）

　いよいよ今年も終わりですね。東大の冬休みは２週間ぐらいで、特筆すべきことはないといえますが、この時期はクリスマス、大晦日、お正月とイベントが目白押しです。受験生のみなさんも初詣で神頼みをすると思いますが、その前に勉強に励み、人事を尽くしてから天命を待ちましょうね。

　さて、冬休みは受験生にとって時間がたっぷりとれる最後の機会です。この機会に弱点を克服してしまい、あとは復習するだけというスケジュールが理想ですね。ついこたつでゴロゴロしてしまいがちな冬休みですが、有効に時間を使えるチャンスです。とくに暗記分野ではない数学などが苦手なら、きちんと理解し直すことで成績がぐっと伸びる可能性もありますので、この時期を有効に活用しましょう。

　弱点科目をなくすためのステップは３つです。まず１つ目は苦手な分野を絞り込むことです。この時期から弱点を克服するには、弱い部分を狙い撃ちする必要があります。問題を解いていると自分で苦手だという感覚があると思うので、その感覚を大事にしながら問題を解いてください。そして、苦手科目のなかでも点数をあげたい分野を１つか２つに絞りましょう。

　次は苦手意識の克服のために、自分でもわかるレベルの簡単な問題を集中的に解いていきます。単純な作業ですが、これをやると基礎固めができるうえ、サクサク問題が解けるのでやる気もあがり、「自分にもできる」という自信も身につきます。弱点科目は問題が解けないから勉強しないという「食わず嫌い」の人も多いですが、このステップをクリアすると基礎が固まり成績アップにつながります。時間がかかる作業なので、応用的な問題で難しいと思ったものは飛ばすか解答を見るなどして、スピードを落とさないようにしましょう。あくまでも簡単に解ける基礎的な問題をひたすら解くことが大切です。

　３つ目はその科目に慣れることです。１、２のステップをふまえて、「苦手だけどなんとかなるかもしれない」という意識を持てるようになったら、少し難しい問題にも手を出しつつ、ひたすらその科目をやり込んでみてください。ほかの科目に逃げてしまいそうになっても、そこをこらえて、答え方のパターンや問題に出るパターンを身につけてしまいましょう。慣れてくると、自分で解けそうな問題と解けそうもない問題が見分けられるようになります。解けそうもない問題を考え続けるよりも、解けそうな問題を確実に解く方がいい点を取れる場合が多いので、こうした判断力を身につけておくと有利ですよ。

　最後にこの時期に注意すべき現象についてお話しします。受験のプレッシャーが高まってくると、つい「セルフ・ハンディキャッピング」をしがちです。これは自己防衛の一種で、簡単に言うとうまくいかなかったときの言い訳を自分で準備してしまう現象です。家の手伝いで時間が足りないなど、先に予防線を張るのです。根を詰めすぎて受験直前で失速するのもよくないですが、こういう状態に陥るのもよくないので、自分の行動をチェックしながら勉強を進めてください。

▶▶▶ ３つのステップを１つひとつクリアしていこう

SCHOOL EXPRESS

確固たる総合力を培い グローバル・リーダー として活躍する人間の育成

WASEDA UNIVERSITY HONJO SENIOR HIGH SCHOOL

早稲田大学本庄高等学院

埼玉県 本庄市 共学校

緑あふれる自然に恵まれ、環境を活かした教育プログラムが充実している早稲田大学本庄高等学院。新しい学舎も竣工し、キャンパスも大きく生まれ変わりました。早稲田大学のなかで、世界に存在感を示すことのできる高等学校として歩み続けています。

兼築《かねちく》 信行《のぶゆき》 学院長

人間的な陶冶《とうや》をめざし 新たな歴史を刻む

早稲田大学本庄高等学院（以下、早大本庄）は、早稲田大学建学１００周年の１９８２年（昭和57年）に創立されました。キャンパスは、都の西北約80㎞、埼玉県本庄市の大久保山にあり、創立25周年を迎えた２００７年（平成19年）に男女共学制がスタートしました。２０１２年（平成24年）には、新しい学舎へ移転し、男女生徒寮の「早苗寮」も新設され、新たな歴史を刻み始めています。

　早大本庄では、早稲田大学の教旨にある「学問の独立を全うし　学問の活用を効し　模範国民を造就するを以て建学の本旨と為す」を基本として、「進取の精神と学問の独立・学問を学び人間を学ぶ・生き方を学び自由を学ぶ」ことを大切にしてきました。

　兼築信行学院長は「早稲田大学の教旨にある『模範国民の造就』を、大学では『地球市民の育成』ととらえ直し、グローバル社会でのリーダーを育成して世界の発展に貢献することをめざしています。本学院では設立時から人間的な陶冶をめざしてきました。自由を徹底的に尊重するという姿勢を大事にしながら、生徒と教員・職員がいっしょになって学院生活を作りあげています」と話されました。そして、「本学院で2013年、強調していることとして『時間を大切に』があります。1時限目は遠方からの通学を考え9時開始としています。2時限目のあとには20分間のコーヒーブレイクを設け、水曜日は4時限で終了するなど、時間を有効に使えるよう配慮しています」と説明されました。

多彩な選択科目と集大成としての「卒業論文」

　早大本庄では次の4つの教育方針が掲げられており、その方針が学院生活の随所に活かされています。

「断片的な知識の集積ではない、総合的な理解力、個性的な判断力を涵養する」

「地域とさまざまなレベルでの交流を通じて、人間・社会・自然に対するみずみずしい感性を育成する」

「知識と実行力（気力と体力）との結合を期する」

「『自ら学び、自ら問う』ことを学習姿勢の基本とする」

　カリキュラムをみてみましょう。1・2年次は基礎学力をつけるために全員共通履修で、3年次には選択科目が設けられ、週の約半分の授業を自由に選択できます。内容は、早稲田大学の各学部・学科への接続を考えたもの、1つの領域について集中的に学習していくもの、教科横断的なもの、第2外国語として設置されているものなど多岐にわたります。そして、少人数による発表主体の授業が多いことが特徴です。

　また、学院生活3年間の集大成である「卒業論文」は、教育方針の「自ら学び、自ら問う」ことの具体化であり、とくに重要なものとして位置づけられています。

「2年次になると生徒全員が論文作成に取り組み始めます。まず自分の興味関心のあるテーマを決め、担当教員の指導を受けながら、調査・文献収集を行います。3年次には2万字以上の論文にまとめます。生徒たちは論文を作成する過程で問題意識を持ち、その解決方法や学術的な調査の方法、そして客観的で説得力のある文章の書き方や著作権に対する配慮などを学ぶことができます。」（兼築学院長）

実践的に学ぶさまざまなプログラム

　早大本庄は2002年（平成14年）

授業風景

英語

美術

理科

　1年次の芸術の授業は、音楽Ⅰまたは美術Ⅰのどちらかを選択します。CALL教室や理科実験室を使用した授業も行われ、早稲田大学、そして社会で活躍できる総合力を身につけていきます。

施設

大教室

図書室

広大なキャンパスと充実した施設により、生徒たちは活気あふれる学校生活を送っています。2014年は、図書室と音楽室、400名を収容できるホールが新たに整備され、学習環境がさらに整います。

食堂

早苗寮個室

共通教室棟体育室

PC教室

グラウンド

クラブ活動

剣道部

バドミントン部

陸上部

文化部門・体育部門ともに盛んに活動しています。優秀な成績を残すクラブも多くあります。

野球部

軽音楽部

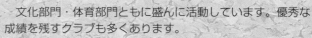

に第1期SSH（スーパーサイエンスハイスクール）校に指定され、以来、科学技術の分野で活躍できる人材の育成にも努めています。兼築学院長は「生徒の希望を募り、2年次にSSHクラスを2クラス設けています。クラスは、高度な科学を学びたい生徒と、科学の基礎を身につけたい生徒とに分けています。SSH部という部活動もあり、本学院では全生徒にSSHのプログラムを開放しています」と説明されました。

早大本庄は大久保山を中心とする緑豊かな自然環境に恵まれたキャンパスに立地しています。そのような環境で生活することで、生徒たちは自然から積極的に学びます。例えば、理科総合B（地学）の授業では、GPS受信機を使って大久保山の位置や地球の大きさを測定しています。また、２０１２年度（平成24年度）からは、「本庄高等学院稲作プロジェクト」が始まりました。3年次の「農業と環境」「食文化」の選択授業では、水田で実際に田植えや稲刈りを体験しながら、米作りのサイクルなどを学んでいます。自然とともに生き、自然の力に驚き、自然と対話しながら学ぶことが、本庄教育プログラムの特色です。

また、国際交流にも力が入れられており、１９８４年以来、中国の北京大学附属中学との交流が続けられています。近年では韓国の安養外国語高等学校、台湾の国立台中第一高級中学との交流も重ねられています。

修学旅行は、２０１２年度（平成24年度）は韓国・台湾の2コース、２０１３年度（平成25年度）は韓国・台湾・沖縄の3コースで実施されました。ほかにも、インドネシアやアメリカ、シンガポールの海外交流校、交流協定締結校との交流プログラムも行われています。

見識を広める 高大一貫教育の魅力

早稲田大学との多彩な高大一貫教育ができるのは、附属校ならではの最大のメリットでしょう。早稲田大学が高校生に開放している講座は数多くあります。オンデマンド方式やテレビ会議システムを使って配信される授業は、本庄キャンパスにいながら大学の講義を受けることができるのが魅力です。課外講義・サマーセミナー・ウインターセミナーなども実施され、早稲田大学の教員、専門家・OB・OGの方々の講座を聴講することで、学問研究と職業世界への見識を広めることができます。

こうした高大一貫教育のなかで、学部選択・進路形成への道が整えられていき、卒業生は全員が早稲田大学へ進学します。進学する学部は学院生本人の希望をふまえ、3年間の成績と卒業論文などが参考にされて決められます。

『Waseda Vision１５０』で さらなる発展をめざす

早大本庄のこれからについて、兼築学院長は「早稲田大学は２０１２年（平成24年）11月に創立１５０周年に向けた『Waseda Vision１５０』を発表しました。これは、今日の大学に課せられた重い使命を果たすために、これまでの歩みをさらに発展させて、アジアのリーディング・ユニバーシティーとしての確固たる地位を築こうとする中長期計画です。『Waseda Vision１５０』では、『世界に貢献する高い志を持った学生』『世界の平和と人類の幸福の実現に貢献する研究』『グローバルリーダーとして社会を支える卒業生』『アジアの大学のモデルとなる進化する大学』という4つのビジョンが描かれています。そして13の核心戦略と具体的なプロジェクトが提示され、順次実行に移されています。今後、本学院もこのビジョンのなかで発展していくことになるでしょう。

本学院へは、『自分』をしっかり持ち、自分のことを自分で切り拓いていきたいと望む生徒さんに来てほしいです。本庄キャンパスの環境が自分にマッチしているかどうかよく考え、自己を実現してもらえればと考えます」と話されました。

School Data

所在地　埼玉県本庄市栗崎239-3

アクセス　上越・長野新幹線「本庄早稲田駅」徒歩13分、JR高崎線「本庄駅」スクールバス、JR八高線・東武東上線・秩父鉄道「寄居駅」スクールバス

生徒数　男子666名、女子342名

TEL　0495-21-2400

URL　http://www.waseda-honjo.jp/

3学期制　週6日制

月・火・木・金6時限　水・土4時限　50分授業

1学年8クラス　1クラス約40名

2013年度(平成25年度)卒業生 早稲田大進学状況

学部名	進学者数
政治経済学部	70
法学部	44
文化構想学部	24
文学部	11
教育学部	31
商学部	29
基幹理工学部	24
創造理工学部	16
先進理工学部	30
社会科学部	13
人間科学部	1
スポーツ科学部	3
国際教養学部	13
計	309

共学校　神奈川県　横須賀市

横《よこ》須《す》賀《か》学《がく》院《いん》高等学校

「敬神・愛人」の精神を養う

キリストの教えを礎に隣人愛の精神を育む

横須賀学院高等学校（以下、横須賀学院）は、「敬神・愛人」を建学の精神に据え、キリストの教えである隣人愛の精神を育んでいます。毎日の礼拝に加えて、花の日礼拝、収穫感謝礼拝などの礼拝行事が1年を通して行われており、その精神が学校全体に根づいています。

横須賀学院では、高校から入学した生徒が少しでも早く学校になじめるようにと、入学式前に1泊2日の新入生オリエンテーションを開催しています。このオリエンテーションで3年間をともに過ごす新しい仲間と出会い、親睦を深めていきます。

彼らは1年次に選抜クラスか一般クラスのどちらかに所属したあと、2年次で文系と理系にわかれ、希望の進路に向けて学習を進めていきます。

きめ細かなサポートで伸び続ける合格実績

土曜講習や学習合宿をはじめとする学習支援も手厚く行われています。例えば、夏休みや冬休みなどの長期休暇中には、学年別・レベル別に多くの講座が開講され、自分に合った講座を受講することができます。

さらに、学力サポートシステムの一環として4年前から導入している「チューター制度」では、今年から「チューターズルーム」というこの制度専用の部屋が設けられました。ここに常駐しているチューターは、生徒たちと年齢も近い横須賀学院を卒業した現役大学生が務めているので、勉強でわからないところや、進路の悩みなど、どんなことでも気軽に相談することができます。

チューターに加えて先生方も日直制で待機しており、参考書や受験関連図書も充実しているなど、生徒が安心して勉強に集中できる環境が整っています。

横須賀学院は国際交流にも力を入れています。2年生の希望者が参加するオーストラリア研修では、現地の高校生とただ交流するだけでなく、ホームステイ先の生徒がバディとして、同じ授業に参加するなど、学校生活をともに過ごします。

また、バングラデシュ・スタディツアーという、実際にバングラデシュへ赴き、現地の生活を体験することで実状への理解を深める特徴的なプログラムもあります。

このように、充実した学習環境と指導体制を整え、特色ある国際交流プログラムも用意している横須賀学院高等学校。年々大学合格実績も伸びており、今後の伸展にも期待が高まります。

School Data

所在地	神奈川県横須賀市稲岡町82
生徒数	男子590名、女子605名
TEL	046-822-3218
アクセス	京浜急行線「横須賀中央駅」徒歩10分
URL	http://www.yokosukagakuin.ac.jp/

共学校　東京都　小平市

錦城高等学校《きんじょうこうとうがっこう》

楽ではないけれども、楽しい学校

充実した学校生活で「限りない前進」を

「知性・進取・誠意」を校訓に掲げる錦城高等学校（以下、錦城）は、「頭と体と心を鍛える」という伝統的な校風を守りながら、2011年（平成23年）に新校舎が完成するなど進化を続けています。

錦城では、生徒の進路に合わせた2つのコースが用意されています。

難関私立大学・国公立大学をめざす「特進コース」は、レベルの高い応用力の育成を目標としています。1年次は、文系・理系に分かれることなく、学力の基礎をしっかりと身につけます。2年次に、「特進英語コース」、「特進文理コース」、「特進理数コース」の3コースに分かれ、志望校に合わせた授業が行われます。通常の授業に加え、夏休みの講習や春休みのセミナーで、さらに学力を強化します。

「普通コース」は、幅広い知識・視野を身につけるために、バランスのとれたカリキュラムで構成され、さまざまな4年制大学受験に対応します。英語・数学は1年次から学力到達度別に授業が行われ、2年次で「文系Ⅰ類」、「文系Ⅱ類」、「理系」の3コースに分かれます。3年次には多くの選択講座が用意されており、生徒の希望に応じて受講することができます。

School Data

所在地	東京都小平市大沼町5-3-7
生徒数	男子766名、女子725名
TEL	042-341-0741
アクセス	西武新宿線「小平駅」徒歩15分、JR中央線「武蔵小金井駅」バス、西武池袋線「東久留米駅」バス
URL	http://www.kinjo-highschool.ed.jp/

コース以外に、教育の特徴として、小テストと「英語・語いテスト」があります。小テストは各教科で頻繁に実施され、知識の定着を図ります。「英語・語いテスト」は、大学受験に必要な語彙《ごい》を身につけることをめざし、年5回、全校一斉に行われます。

そして、自習室やラーニングセンターなど学習の場も充実しています。

錦城では、授業だけでなく、行事や国際交流、クラブ活動にも力が入れられています。

修学旅行で山形県蔵王に行き、スキーをするのは、開校以来続けられている伝統です。年2回行われる球技大会では、白熱した試合が展開されます。

国際交流として世界各国から留学生を受け入れ、希望者にはオーストラリアとアメリカへの語学研修を実施することで、生徒たちは、国際社会の一員としての自覚を持つようになります。

また、多くの生徒がクラブに所属し、勉強との両立を図っています。優秀な成績を残している部も多く、運動部・文化部ともに盛んに活動しています。

学校生活は楽ではありません。しかし、主体的に取り組むことで充実し、楽しい学校生活になります。錦城高等学校は、生徒に高校3年間で色々なことに挑戦し、「限りない前進」をしていってほしいと考えています。

共学校

埼玉県立 大《おお》宮《みや》 高等学校

黒岩《くろいわ》 和秀《かずひで》 校長先生

豊かな人間性を育むとともに勉強と部活動などの両立をめざす

埼玉県立大宮高等学校では、「チーム大宮」というキャッチフレーズのもと、学びあい、励ましあい、支えあいながら学校生活を送っています。埼玉県内の公立男女共学校として魅力ある指導体制と学習環境が整っており、難関大学への合格実績にも注目が集まっています。

進学指導にとらわれることなく人間性を育てる教育を行う

埼玉県立大宮高等学校（以下、大宮高）の歴史は、１９５１年（昭和26年）に男子校の埼玉県大宮第一高等学校と、女子校の大宮女子高等学校が統合されたことから始まります。統合されてからもしばらく男女別学制がとられていましたが、２０１０年度（平成22年度）から男女共学制がスタートしました。

２０１３年度（平成25年度）は、

①豊かな人間性を持つ人材の育成
②生徒の第一志望に応える進路保障
③安心・安全な開かれた学校づくり

という３つの重点目標をもとに教育を行っています。

黒岩和秀校長先生は「２０１２年までは２つ目の目標を１番最初に据え、進学実績を伸ばすことを第一目標にしていました。しかし、生徒にとっては大学を卒

大高祭

大宮高では6月に行われる体育祭と、9月に行われる文化祭を合わせて「大高祭」と呼んでいます。

体育祭

文化祭

業してからの人生の方が大切ですので、大学進学だけを考えるのではなく、教養のある豊かな人間性を持った人材を育成することを最優先すべきではないかと考えたのです。ですから、勉学に励み、基礎学力をつけることももちろん大切ですが、まずは『豊かな人間性を持つ人材の育成』を1番最初に掲げ、人間性があり、思いやりのある生徒を育てることを第一目標にしています」と話されました。

学校全体がひとつの「チーム」

大宮高は「チーム大宮」というキャッチフレーズのもと、勉強や部活、学校行事などのさまざまな場面において、生徒、教職員、保護者、卒業生がみんなで協力しあい、助けあいながら学校生活を送っています。

「例えば試験期間中ですと、試験後も多くの生徒が教室に残って勉強しており、わからないところがあると生徒同士で教えあっています。大学受験だけではなくて、定期試験の段階からともに頑張ろうという雰囲気があるのが本校の特徴です。」（黒岩校長先生）

大宮高は65分授業で進度も速いため、職員室や教科準備室の前にホワイトボードや机、イスが用意され、生徒がいつでも質問できる環境があります。そして、先生方は生徒がわかるまで丁寧に指導してくれます。

「チーム大宮」の取り組みについて黒岩校長先生は、「『授業が第一』を基本方針としていますので、先生方は65分をしっかり使って内容のある授業をしてくれています。チャイムが鳴る前から廊下で待機し、チャイムと同時に授業開始、授業終了もチャイムと同時です。新任の先生は慣れるまで大変ですが、周りの先生方がフォローするなど、先生同士でも助けあっています。このように生徒同士だけでなく、先生同士、そして生徒と先生が、互いに学びあい、目標に向かって進んでいこうというのがチーム大宮なのです」と話されました。

「普通科」に地学基礎を設置 「理数科」は女子生徒が増加

大宮高には、難関大学現役合格をめざす「普通科」と、理数教育にとくに力を入れている「理数科」の2つの学科が設置されています。普通科では、2014年度から新しく「地学基礎」という授業が開講されます。

「いままでは地学の授業がなかったため、国公立文系志望の生徒は生物・物理・化学を学ぶか、独学で地学を学んで受験していました。地学基礎の授業を開講することによって受験科目選択の幅も広がりますし、大学入試センター試験へも対応しやすくなるでしょう。

また、昨年までは理数科のみで行っていた体験入学を、今年から普通科でも始めました。30分の授業を2コマ体験してもらうことに加えて、数学科の教員が独自に作成した問題を配付します。問題を配付することで、受験校を決める前に本校の学習レベルを知ってもらう狙いがあります。」（黒岩校長先生）

理数科では1年生向けのプログラムとして「彩の国理数科ネットワーク推進事業」という、埼玉県立越谷北高校、松山高校、熊谷西高校との4校連携事業が行われています。これは、理数科が設置されている4校の理数科生徒が集まり、科学に関する講演を聞いたり、各校1人ずつの4人で班を作り、日本科学未来館で班別に研修を行います。話しあいやプレゼンを通して、科学に対する知識を深め、生徒同士も親睦を深めます。

理数科について黒岩校長先生は「科学の甲子園全国大会に埼玉県代表として出場したり、スイスで行われた国際生物学オリンピックの日本代表となる生徒がいたりと、ＳＳＨ指定校として活動してきた土台が現在の取り組みにも活かされていると感じます。

近年では理数科に女子生徒が増えてきているのも特徴的で、今年の1年生も男女の割合はほぼ半々となっています。女子生徒は医学部を志望する生徒が多いですね」と話されました。

夏休みも充実した学習指導 国際交流はドイツと

夏休みには3年生向けに5泊6日の勉強合宿が用意されており、希望制ですが毎年２００名前後の生徒が参加しています。合宿は自学自習が基本で、1日10時間半、黙々と机に向かいます。先生は各教科ごとにブースで待機しているため、勉強していてわからない箇所が出てきた場合は、自由に質問することができます。そして、勉強合宿が終わると夏季講習が始まります。

「夏季講習で3年生が受講できるのは1人4講座までと決まっています。あれもこれも手を出してしまうとすべてが中途半端になってしまうおそれがあるため、いまの自分に必要だと思う4講座を選択し、その講座で習うことを深く学んでもらいます。

1・2年生は、3年生が合宿に行っている間に夏季講習を行います。今年から1年生向けの講座は午前と午後で同じものを開講しました。いままでは部活動の時間と重なってしまい講習に参加できなかった生徒も、部活動と講習の両立をはかることが可能となったためこの取り組みは好評でした。勉強だけでなく部活動にも全力で取り組んでほしいので、勉強と部活動が両立できるこのようなシステムを取り入れました。」（黒岩校長先生）

理数科の取り組み

研究施設見学会ではつくば市の研究施設を訪れ、最先端の科学技術に触れることができます。

最先端研究施設見学会

日本科学未来館研修

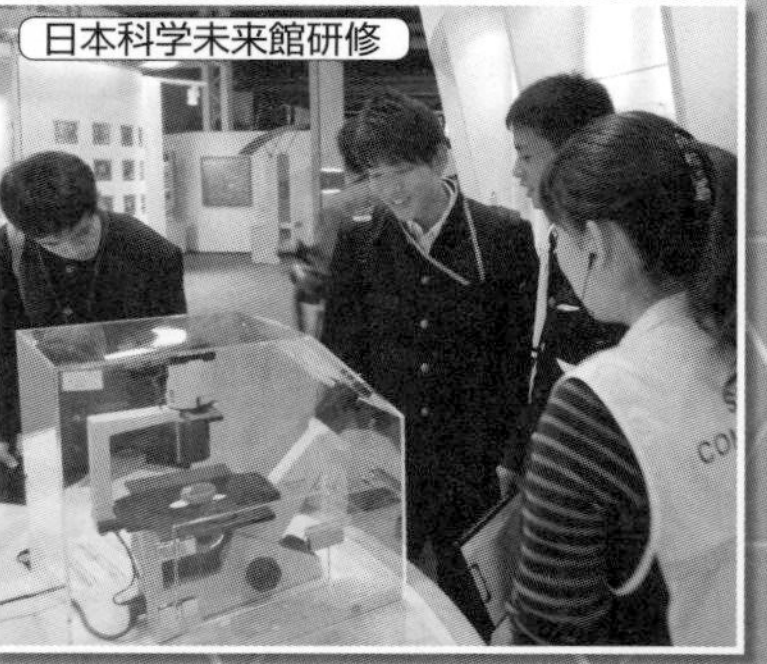

修学旅行

事前学習をしてから臨む沖縄への修学旅行はマリンスポーツなどを体験します。

国際交流

お互いの学校の生徒を受け入れ、日本・ドイツそれぞれの土地で交流を深めています。

ドイツから日本へ

日本からドイツへ

勉強合宿

長野県の志賀高原で行われる勉強合宿。男女別の部屋でそれぞれ集中して勉強します。

男子自習室

女子自習室

また、大宮高では英語圏ではないドイツのコトブス市にある学校と姉妹校提携を結んでいるのも特徴で、お互いに生徒を受け入れ、ホームステイなどを行っています。黒岩校長先生は「英語圏の国では英会話のレベルが違い、生徒が萎縮してしまうこともありますが、ドイツは英語圏ではありませんので、生徒は同レベルで会話ができ、対等に関わることができます」と、ドイツと国際交流をすることのメリットを説明されました。

綿密に行われる進路・進学指導

進路指導は3年間を通して計画的に行われています。「学習の手引き」「難関大入試分析」「進路資料」「進路・面談ノート」などの冊子を作成・配付するだけでなく、進路説明会や保護者面談、担任面談を何度も行います。さらに先生方が集まり生徒1人ひとりの進路について話しあう「進路検討会」は大宮高ならではの取り組みで、生徒たちの希望を叶えるため万全のサポート体制を整えています。

このようなきめ細かな進路指導、そして「チーム大宮」として学校全体で目標に向かおうとする姿勢は、毎年のすばらしい難関大学合格実績に現れています。そんな大宮高ではどのような生徒さんを待っているのでしょうか。

「人を思いやることができ、勉強だけでなく部活動やそのほかの活動も一生懸命やろうという、高い志を持った生徒さんに来てほしいです。そういう生徒さんは入学してからも努力し続けてくれるでしょうし、私たちも個性を伸ばし、希望を叶えてあげることができると思っています。」（黒岩校長先生）

School Data

所在地	埼玉県さいたま市大宮区天沼町2-323
アクセス	JR京浜東北線・高崎線・宇都宮線「さいたま新都心駅」徒歩10分
TEL	048-641-0931
生徒数	男子637名、女子545名
URL	http://www.ohmiya-h.spec.ed.jp

- 2学期制　週5日制（土曜授業隔週）
- 月～金曜 5時限、土曜 隔週で3時限　65分授業
- 1学年10クラス（普通科9クラス、理数科1クラス）
- 1クラス40名

2013年度(平成25年度)大学合格実績 ( )内は既卒

大学名	合格者	大学名	合格者
国公立大学		私立大学	
北海道大	7(5)	早大	88(26)
東北大	3(1)	慶應大	46(17)
筑波大	17(4)	上智大	41(12)
千葉大	12(1)	東京理科大	95(30)
埼玉大	21(8)	青山学院大	23(4)
お茶の水女子大	4(0)	中大	58(18)
東京大	11(8)	法政大	43(6)
東京外大	3(1)	明大	135(33)
東京学芸大	8(2)	立教大	66(14)
東京工大	3(1)	学習院	13(5)
東京農工大	6(3)	国際基督教大	4(2)
一橋大	7(2)	北里大	13(7)
横浜国立	2(0)	明治薬科大	15(5)
大阪大	2(2)	東京女子大	12(2)
首都大東京	8(4)	日本女子大	22(2)
その他国公立大	28 (13)	その他私立大	308 (73)
国公立大合計	142(55)	私立大合計	982 (256)

和田式教育的指導

いよいよ入試まで残り少なくなりました。この時期には、多くの受験生が、試験当日までに残された時間を考え、「自分は本番までに悔いのないように勉強ができるのだろうか」「やり残した部分が出てきてしまうのではないか」と不安に感じることでしょう。今回は、直前期の「時間と勉強」についてお話しします。

いよいよ入試直前！残り少ない時間を有効に使うポイントとは

入試直前の1カ月は夏休みの8カ月分

入試直前期には、もうあまり時間が残されていないと感じ、焦ってしまう人がほとんどです。確かに、夏休み前と比べれば、受験までの時間は少なくなっています。

では、夏休み前と直前期を、「残された時間」ではなく、「学力」で比較してみましょう。受験勉強を積み重ねてきたぶん、いまの方が学力はあがっているはずですね。

例えば、数学の問題を解くのにかかるスピードを夏休み前といまとで比べてみて、いまの方が2倍ぐらい速くなっているとします。そうすると、1時間勉強したとしても、夏休み前より2倍多くの問題に取り組めるのです。これは数学だけでなくほかの教科でも言えることで、直前期には色々なことをやるスピードが以前と比べて速くなっています。それだけ短時間で密度の濃い学習ができるというわけです。

また、入試間近の緊張感も受験勉強においてはメリットになります。例えば、夏休みはまだ気持ちに余裕があり、1日5〜6時間しか勉強できなかったとします。しかし入試直前期には、どうしても志望校に合格したいという気持ちが強くなり、1日10〜12時間だって勉強できてしま

Hideki Wada

和田秀樹

1960年大阪府生まれ。東京大学医学部卒、東京大学医学部附属病院精神神経科助手、アメリカのカールメニンガー精神医学校国際フェローを経て、現在は川崎幸病院精神科顧問、国際医療福祉大学大学院教授、緑鐵受験指導ゼミナール代表を務める。心理学を児童教育、受験教育に活用し、独自の理論と実践で知られる。著書には『和田式　勉強のやる気をつくる本』（学研教育出版）『中学生の正しい勉強法』（瀬谷出版）『難関校に合格する人の共通点』（共著、東京書籍）など多数。初監督作品の映画「受験のシンデレラ」がモナコ国際映画祭グランプリ受賞。

うものです。そうすると、勉強時間も夏休みの2倍になります。

さらに、夏休み前と比べて学校の課題など受験勉強以外の勉強に時間を費やすことも少なくなるので、能率も2倍ぐらいになります。

つまり、2倍×2倍×2倍＝8倍で、入試直前の1カ月は夏休み前の8カ月ぶんの勉強ができると言えます。

残り時間は少なくても効率で勝負できます。焦ることはありません。

ムダな時間を減らして 1分でも多く勉強する

勉強効率があがっていることがわかれば、1分でも多く勉強した方が得です。ですから直前期には、ムダな時間を極力減らすように心がけましょう。

例えば、どうしても観たいテレビ番組があるとします。番組が20時から始まって、20時52分に終わるとします。見終わってからなんとなく惰性で21時までダラダラ過ごしてしまうのではなく、その21時までの8分間をムダにしないように気をつけるのです。「見たい番組を録画しておけば、CMを飛ばせるので時間の節約になる」「録画した番組を食事のときに観れば、時間の有効利用ができる」というように、1日の生活のなかで、勉強以外の時間でなんとなく過ごしてしまっているムダな時間をチェックしてみましょう。

優先順位を考え 時間をうまく使う

ここまで述べたように、受験直前期には時間の使い方が重要になってきます。

時間の使い方が上手ということは、じつは優先順位のつけ方が上手だと言いかえることができます。

まずは、いまなにをやらなければいけないのかを考えてください。1日の勉強スケジュールを組むときに、「今日は絶対にこれをやるんだ」とか「復習に取り組む時間は必ず取る」というような、最優先事項を確認します。

そして、優先順位の高いものから順番にやるようにスケジュールを組みましょう。やるべきことを後回しにするスケジュールでは、勉強が予定通りに進まなかった場合、あとになって時間が足りなくなってしまい、できなくなる可能性があるからです。1日のうちで早めの時間に取り組む方が、脳もまだ疲れていないので集中できるという利点もあります。

あるいは、脳が多少疲れていたとしても、暗記ものは寝る前に覚える方が効果的といった場合には、暗記ものはうしろへ持っていくなど、優先順位と効率をよく考えてスケジュールを組んでみましょう。

こうした考え方は、将来、仕事をするうえでも役立ちます。いまなにをやるべきなのかを考えて行動するように心がけてください。

【八拾五の巻】

今年出た難しい問題2

教育評論家 正尾佐の

高校受験指南書

Tasuku Masao

国語

「今年出た難しい問題」の国語篇は、筑波大附属駒場の問題にしよう。まず問題文を読んでみよう。

次の文章を読んで、後の問いに答えなさい。

詩を書くということや詩のことばとは直接繋《つな》がりはないのだが、送られた手紙にまるで詩のようなものを感じるときがある。

「それでもなお子どもは希望です。子どもと子どもを育てる若い人たちがいてくれるからぼくは生きていられる。生きている意味を自分の中に探し得る、という気がします」

最近送られてきた、こども文化の研究者であるSさんからの手紙である。

私はSさんに葉書を出していた。二〇一一年の三月十一日からふた月ほどして生まれてきた孫のことが頭にあり、東日本のさまざまな被災（東京にいても安全とはいいがたい）や、この国の基盤の脆《もろ》さ、あやうさを嘆く気持ちがあって、〝うかがいたいことは山ほどある。どう生きていったらよいのでしょう〟と書き送った。その返事である。

パンドラの箱のいちばん最後に現れた希望。夢や愛や希望ということばは、大安売りの感があり、詩の中でつかわれるとそれだけで詩世界が通俗に失墜してしまいかねない要注意単語だが、ことばを失うほどの圧倒的なゲンジツの襲撃があった場合、ありきたりなその語のイメージが削《そ》ぎ落とされ、語本来の意味がたちあがってくる。〝絆《きずな》〟という語が二〇一一年の流行語大賞にノミネートされたが、やや大仰なそのことばも、起きてしまった大惨事を思えば切実な響きを持つだろう。ただし、私には先の大戦での一億総火の玉や、総玉砕といった、日本人が一丸となって事にあたることへの必要以上の危惧がある。絆も、夢や愛や希望とはまた①違った意味の要注意単語の範疇《はんちゅう》かもしれない。

Sさんのいう希望は、私のように身近に赤ん坊がいなくても実感を伴っていて、その生命の火をそっくり両手に受けとめている人の、ぽつりと呟《つぶや》かれたことばのように感じられた。

「子どもと子どもを育てる若い人たちがいてくれるからぼくは生きていられる」を、もう一度「生きている意味を自分の中に探し得る、という気がします」といいかえているところにも、②暗闇に灯《ひ》を探す人の手つきを感じるのだが、それにしても血族や肉親という観念に縛られずに、どのような子ども、子を育てるどのような若い人でも、といった対他への開かれ方が、誰にでも備わっているわけではないと思うのだ。

「今年はいろんなことがありすぎました。何ひとつ決着がついていません。どうすればいいのやら、ぼくにはさっぱりわかりません。真剣に生きている人たちのせめて足を引っぱらないようにしたいと思います」

傍観者に都合のよいことばにもなり得るが、積極的で能動的な姿勢を常としてきたSさんがいうので、ああ、このような行き方もあるとうなずいた。

そして手紙はこう続く。

「庭の木蓮《もくれん》の葉がバサバサ音をたてて散るので、少しばかりそうじしました。そうしたらカマキリと緑色のウマオイの大きいような虫が、瀕死《ひんし》の状態で地面に横たわっていました。でも手足をまだ動かします。

雨のかからないところへ持っていって、そこで休んでもらうことにしました。そんなふうに小さないのちが二つ消えていきます。ディキンソンだったらどうしたろうかなんてふと思いました」

十九世紀のアメリカの詩人であるエミリ・ディキンソンは、五十五歳で亡くなるまで、詩人としては無名の存在だった。今は一八〇〇篇《へん》近くの全詩集が刊行され、愛好者は世界にいる。生涯独身で通し、三十代以降屋敷や庭に閉じこもって暮らした人である。

落葉には放射線の数値が高いとして、掻《か》き集めてから処分しなければならない今の私たちの立場にたったら、この詩人は何をどのように書いたか、Sさんは③ここで私の問いかけに、暗に答えてくれているように思う。

ディキンソンに、無名であることに意味を見出《いだ》している詩がある。確か雨期の蛙《かえる》みたいに泥土に自分の名を連呼するなんてまっぴらというような内容だった。

ひそやかな者であること、けれど注意深く目を見開いていること。多分、ことばはちょっとしたことでもすぐ喉奥に引っこむ臆病な性質《タチ》なので、そうした姿勢が必要なのだ。書くことにおいて有名であることは負荷がかかる。世間に認められつつ、④書き続けるのは矛盾を生きることだ。自分が純粋で純情だと蛙《かえる》のようにいいふらすなんて、ほんとうに恥ずかしい。

ディキンソンだからこそ、あるいは同じく生前無名だった金子みすゞや宮澤賢治《みやざわけんじ》だからこそ、そのことばが素直に読む人の心に滲《し》み入っていき、愛されるのではないか。作品はその創り手から離れて自立しているが、一読者としては繋《つな》げて享受してしまう側面が確かにある。

(井坂洋子《いさかようこ》「カマキリとウマオイの庭」による)

（注）パンドラの箱…ギリシャ神話による。神がすべての災いを詰めた箱で、決して開けてはならないものとされる。箱から災いが外に放たれたとき、最後に希望が残されていたという。

ウマオイ…バッタに似た昆虫。秋にスイッチョと鳴く。

この問題文の傍線部をみればわかるように、漢字の書き取りなどのような問いはない。すべて内容を問うものばかりだろうなと推測できるだろう。どんな問いなのかは後回しにして、まず問題文を読み進めていって、内容を理解してゆこう（説明の都合上、各段落の最初に⑴～⒂の番号をつけた）。

まず冒頭の⑴～⑶だ。

⑴詩を書くということや詩のことばとは直接繋《つな》がりはないのだが、送られた手紙にまるで詩のようなものを感じるときがある。

⑵「それでもなお子どもは希望です。子どもと子どもを育てる若い人たちがいてくれるからぼくは生きていられる。生きている意味を自分の中に探し得る、という気がします」

⑶最近送られてきた、こども文化の研究者であるSさんからの手紙である。

この冒頭の段落⑴～⑶は前置きだ。筆者の井坂さんはこの文章で、Sさんから届いた手紙について述べる、といっている。

そして、その手紙は「詩のようなものを感じる」ものだった、というのだ。

⑷私はSさんに葉書を出していた。二〇一一年の三月十一日からふた月ほどして生まれてきた孫のことが頭にあり、東日本のさまざまな被災（東京にいても安全とはいいがたい）や、この国の基盤の脆《もろ》さ、あやうさを嘆く気持ちがあって、〝うかがいたいことは山ほどある。どう生きていったらよいのでしょう〟と書き送った。その返事である。

じつは、井坂さんはSさんに相談の葉書を出していた。「どう生きていったらよいの」か、アドバイスを求める手紙だ。「どう生きてい」くかなどという大問題、人生の根本問題を尋ねたくなったのは、東日本大震災のせいだった。もっと具体的にいうと、大震災の直後に孫が生まれたことと、「この国の基盤の脆さ、あやうさ」のせいだ。

なぜ、井坂さんは、孫の誕生と国の基盤とのことで「どう生きてい」くか、他人に相談したくなるほど悩んだのだろうか。

それは孫と国の基盤を結びつけて考えるとすぐにわかるだろう。

君の祖父や祖母が健在でもそうでなくても思い出してほしい。自分のおじいさん・おばあさんが、どれほど孫の君をかわいがってくれたかを。

子どもや孫が生まれると、親も祖父母も、「これからどんなふうに育っていくのかな。楽しみだ」と幸せな気持ちになるのが通常だ。

ところが、東日本大震災は、日本が世界でも有数の地震国であるのに、その防備に大きな手抜かりがあったことを明らかにした。つまり、この日本という「国」の根元が脆弱《ぜいじゃく》（＝脆く弱いこと）だと知って、国民はおののいた。福島の原発事故はその最たるものだった。井坂さんは、孫の将来の幸せを考えたのだろう。首都東京でさえも安全でないこの国を、これから孫のために自分はどういうことをしてやれるのか、なにをして生きてゆくか、自信のある答えは見つからなかった。それで、Sさんに手紙を出したというのだ。

(5)パンドラの箱のいちばん最後に現れた希望。夢や愛や希望ということばは、大安売りの感があり、詩の中でつかわれるとそれだけで詩世界が通俗に失墜してしまいかねない要注意単語だが、ことばを失うほどの圧倒的なゲンジツの襲撃があった場合、ありきたりなその語のイメージが削《そ》ぎ落とされ、語本来の意味がたちあがってくる。〝絆《きずな》〟という語が二〇一一年の流行語大賞にノミネートされたが、やや大仰なそのことばも、起きてしまった大惨事を思えば切実な響きを持つだろう。ただし、私には先の大戦での一億総火の玉や、総玉砕といった、日本人が一丸となって事にあたることへの必要以上の危惧がある。絆も、夢や愛や希望とはまた①違った意味の要注意単語の範疇《はんちゅう》かもしれない。

この(5)段落は長い。ほかの段落よりも長いところは、筆者が述べたいことを一気に書いている場合が多い。そういう段落は重要な箇所だから、少しかみ砕いて説明しよう。

井坂さんは大震災に衝撃を受けて、将来に大きな不安を抱いた。でも、なんとかならないのだろうか、最後の希望はないのだろうか、と思った。

井坂さんは文章を書く人だ（井坂さんは著名な詩人だよ）。だから、詩で「愛する孫が夢をもてるような希望ある未来を」とかなんとか書きたいところだ。だが、そんな言葉は「大安売り」という感じがする。なにしろ、大勢の人が、夢だ、愛だ、希望だと頻繁に口にしている。いま流行していて中学生が歌ったり聞いたりしている歌の歌詞を思い浮かべてみるといい。夢・愛・希望という言葉があふれているだろう。そういう気軽に使われている言葉を井坂さんは「大安売り」と表現しているのだ。

「通俗」とは『世間一般のこと』とか『程度が低いこと』とかだが、ここでは後者で、「大安売り」の希望という語を用いて書いたなら、自分の詩が程度の低い詩になってしまうかもしれない（＝通俗に失墜してしまいかねない）。それほど注意の必要な言葉だと、井坂さんは言う。

けれども、なにも言えなくなるほどの恐ろしい震災に襲われて（＝ことばを失うほどの圧倒的なゲンジツの襲撃）を体験すると、ありふれた「大安売り」の夢や愛や希望（＝ありきたりなその語）の元々の意味だけが残されて心に浮かんでくる（＝イメージが削ぎ落とされ、語本来の意味がたちあがってくる）。

愛の心を持つ人たちがつながるのが「絆」であり、東日本で起きたむごたらしい災害の被害者を援助したいという人たちの強い思いが「絆」という語で表現されている。

ただ井坂さんは七十年前の戦争時代を忘れていない。あの日中戦争の、アメリカなどの連合国との戦争のときに、日本の国民は御国《おくに》のために全員が命を捨てよう（＝総玉砕）とお互いに言いあった。そして、沖縄などで子どもや女性などの多くの非戦闘員が死に、東京などの都市が空襲で焼け野原にされ、広島・長崎に原爆が投下されるようになるまで、一致団結して、戦争をし続けたのだ。

井坂さんは、国民みんなが声をそろえて同じ言葉を言うことに、危険と恐れ（＝危惧《きぐ》）を感じている。そういうときは、誤った方向へ国全体が動いていくかもしれないからだ。だから、「絆」も用いるのに深い注意が必要だというのだ。

さて、(5)段落の内容が理解できたなら、傍線部①の問いを考えよう。

問一、――①「違った意味の」とは、どういうことですか。説明しなさい。

なにとなにが違うというのだろうか。もちろん「絆も、夢や愛や希望とはまた違った」とあるように、絆VS夢・愛・希望だね。では、どこが違うのか。違いを正確にとらえるには、共通点をとらえるといい。共通点は「要注意単語」だ。

これらは、(5)段落に

絆→日本人が一丸となって事にあたることへの必要以上の危惧がある…違った意味の要注意単語

夢・愛・希望→大安売りの感があり、詩の中でつかわれるとそれだけで詩世界が通俗に失墜してしまいかねない要注意単語

とあるから、ここを利用すれば解答を作れる。大抵の人は、こんなふうに答えるだろう。

解答例1 **夢・愛・希望も絆も要注意単語だが、夢・愛・希望は、詩の中でつかわれるとそれだけで詩世界が通俗に失墜してしまいかねないのに対して、絆は日本人が一丸となって事にあたることへ危惧がある、という違い。**

問題文中の語句をそのまま並べただけの、こんな解答でも得点できるだろう。「自分の言葉で説明せよ」という指定はないのだから、これでもいいと筑波大附属駒場の先生たちも考えるかもしれない。

しかし、どうせなら、内容をきち

んと理解していることを示す解答を書きたいものだ、こんなふうに。

解答例2
同じ要注意といっても、「夢・愛・希望」は詩に用いると通俗な表現になりがちな語だが、「絆」は国民全員を誤った行動に導く心配がある語だという違い。

問題文を続けて読もう。

(6)Sさんのいう希望は、私のように身近に赤ん坊がいなくても実感を伴っていて、その生命の火をそっくり両手に受けとめている人の、ぽつりと呟《つぶや》かれたことばのように感じられた。

「さあ、絆だ！」と大きな声で呼びかけるのと違って、Sさんの言う「希望」は小さい呟きのようだと、井坂さんは感じた。赤ん坊の小さな命を受け止める小さな声だというのだ。

(7)「子どもと子どもを育てる若い人たちがいてくれるからぼくは生きていられる」を、もう一度「生きている意味を自分の中に探し得る、という気がします」といいかえているところにも、②暗闇に灯《ひ》を探す人の手つきを感じるのだが、それにしても血族や肉親という観念に縛られずに、どのような子ども、子を育てるどのような若い人でも、といった対他への開かれ方が、誰にでも備わっているわけではないと思うのだ。

(8)「今年はいろんなことがありすぎました。何ひとつ決着がついていません。どうすればいいのやら、ぼくにはさっぱりわかりません。真剣に生きている人たちのせめて足を引っぱらないようにしたいと思います」

(7)には傍線部②がある。こういう問いだ。

問二、――②「暗闇に灯《ひ》を探す」は、どのようなことの喩《たと》えですか。説明しなさい。

「暗闇に灯を探す」人の手つき、というのはSさんについての井坂さんの感想だ。井坂さんは「どうやって生きていったらよいの」かわからなくなって、Sさんに手紙を出した。

Sさんは(8)にあるように、「どうすればいいのやら、ぼくにはさっぱりわかりません」と答えている。Sさんも「今年はいろんなことがありすぎ」て、「何ひとつ決着がついていない」ないままで、どうしていいかわからないのだ。

ただ、Sさんは(7)で、「子どもと子どもを育てる若い人たちがいてくれる」という理由で、「ぼくは生きていられる」と答えた。子どもとそれを育てる若い親たちは、これから未来を生きていく人たちだ。その幼い人・若い人のそばで、Sさんも生きているのだが、その自分の「生きている意味を自分の中に」、探すことができるような気がすると、Sさんは返事を書いている。

この返事はわかりにくい言葉だが、ここで、「暗闇」と「灯」という喩えを考えてみよう。Sさんは「どうすればいいのやら、ぼくにはさっぱりわかりません」と書いている。見つけようにも真っ暗で答えが見えないのだ。この「どうすればいいのやら、さっぱりわか」らないことは「暗闇」の喩えにぴったりだ。

それでも、「子どもと子どもを育てる若い人たち」のおかげで、「生きている意味を自分の中に探し得る」というのだから、この幼い子どもと若い人たちが「灯」の喩えにぴったりだ。このように考えると解答は次のように書ける。

解答例1
どう生きていいのかわからない中で、子どもと子どもを育てる若い人たちのおかげで、自分の生きる意味を自分の中に探すことの喩え。

とはいえ、これも問題文中の言葉をそのまま並べただけの答え方で、いささか小手先の解答だ。もう少し、理解していることを採点者に示すとしたら、次のような書き方ができる。

解答例2
これからどう生きるべきか答えがないような大震災後の絶望的な状態の中で、それでも幼い子どもたちと若い大人たちとともに生きることに、意味を見出そうとすることの喩え。

続いて(9)段落、といきたいところだが、続きは次号、1月発売の2月号に書こう。

高校入試本番の直前になるが、残りの問いを記しておくので、筑波大附属駒場の志望者は解いておいてほしい。

問三、――③「私の問いかけに、暗に答えてくれている」について、次の(1)・(2)に答えなさい。

(1)「私の問いかけ」とは、どのような「問いかけ」ですか。

(2)どのような「答え」だと考えられますか。自分の言葉で説明しなさい。

問四、――④「矛盾を生きる」とありますが、何と何が「矛盾」するのですか。説明しなさい。

宇津城センセの受験よもやま話

ある少年の手記⑨

宇津城 靖人先生
早稲田アカデミー　特化ブロック　ブロック長
兼 ExiV西日暮里校校長

　その病院は、小高い丘の上から町を見下ろすように建っていた。病棟というと「白」というイメージが強いけれど、その病棟は、少し赤みがかった白というか、ほぼピンクに近い色の壁でできていた。

　そのせいか、普通、病院というと無機質なものという想像をするけれど、ぼくはその建物にどこか温かみを感じた。

　受付で名前を記入して面会者のバッジをもらうと、ぼくは係の人に「畑中さん」の部屋はどこなのかを聞いた。5階の512という部屋だそうだ。壁に大きく描かれた病棟の案内板で位置を確認して、エレベーターへと向かった。建物に入ったときから病院特有のあの消毒臭（夏のプールのにおいに似ているやつ）がしていたけれど、待っていたエレベーターが到着して、その扉が開いた瞬間、その匂いがさらに強くなったようだった。病院のエレベーターは普通のビルのものとは違い、患者さんが扉にはさまれないように片側に開くようになっていて、広さも普通のものの2倍くらいあった。ぼくはエレベーターに乗り込むと5階のボタンを押した。

「ドアガシマリマス。ゴチュウイクダサイ。」

　女性の機械的なアナウンスが流れて扉が閉まろうとしたとき、車いすの患者さんと、看護師らしき人がエレベーターに乗り込もうとしてきた。ぼくは、「開」のボタンを押して、2人が乗り込むのを待った。

「すみません。」

　看護師の女の人がぼくに向かって声をかけた。車いすにはまだ若者と言ってもよいくらいの年齢の女性が乗っていた。その人は、服装や体型は女性だけれど、頭髪がほとんどなかった。ぼくは見てはいけないものを見たような罪悪感や気まずさがあって、その女性からすぐに目をそらした。2人が完全にエレベーターに乗り込むと、ぼくは「閉」のボタンを押した。

「何階ですか？」

　ぼくは視線を壁のボタンに向けたまま、2人に尋ねた。

「あ、3階をお願いします。」

　看護師の女性がぼくに向かって言った。ぼくは無言のまま3階のボタンを押した。

「ありがとうございます。」

　また、看護師さんが応えた。

　エレベーターが動き始めると、看護師さんはその女性に向かって話しかけた。

「今度は、どこにしようかしらね。」

「……。」

　女性は答えようとせず、無言のままだった。なんの話かわからないけれど、ぼくはその患者である女性の心理をなんとなく感じ取ることができた。なにか悲しさや怒りに満ちていて、話に応じたくないんだろうなと直感的にわかった。

「どこがいい？」

看護師がさらに食い下がった。おそらく少しでも話をさせた方が、感情を発露させた方が患者さんのためになるだろうと考えての発言だろうけど、ぼくにはいまその質問を再度投げかけるのは、患者さんを刺激してしまう、よくないことのように思えた。

「……。」

案の定、その女性はまったく答えなかった。かえって怒りが増してかたくなになってしまったのではないかと思った。空気がピンと張りつめている感じがしたからだ。ぼくはその女性の顔や姿を視界には入れておらず、エレベーターの壁とコンソールに顔を向けたままだったけれど、そういう雰囲気を背中から感じ取った。

エレベーターが3階についた。ポンッという電子音が鳴って、大きな扉がゆっくりと開いた。看護師さんは車いすを押して患者さんとエレベーターを降りようとした。ぼくは「開」のボタンを押したまま、2人が降りきるのを待った。ぼくの横をすれ違って降りていくそのとき、患者の女性がぼくの顔を見た。ぼくも、その女性の顔を見た。目が合った。患者さんの顔立ちは整っていたけれど病のせいでやせ細っているようで、顔色は悪かった。なによりも特徴的なのは眉毛もほとんどないということだ。ぼくはその眉毛に少し驚いてしまって、おそらくそんな表情をしてしまったと思う。看護師さんに車いすを押されて去るそのとき、女性はぼくの方へ振り返りながら叫んだ。

「好きでこうなったんじゃないよ!!」

「ドアガシマリマス。ゴチュウイクダサイ。」

エレベーターの機械的な女性のアナウンスが、絶妙なタイミングで流れた。ゆっくりと大きな扉が閉まった。ぼくにはその扉がまるで昔ドイツを東西に分け隔てていた「ベルリンの壁」みたいに感じられた。

きっと、ぼくはあの女性を「奇異の目」で見てしまったのだろう。たしかにぼくはこの病棟に入院している患者さんの状態に対して、必要以上に気を張ってしまっている。患者さんたちが特殊な状況下にあり、特別な心情を持っているだろうという想像が、必要以上の気遣いや反応をさせてしまう。普通に接することの方が、患者さんを本当に気遣うことであるかもしれないのに、ぼくは安っぽい同情や安易な想像で、患者さんたちの気持ちをわかったような気になっていたのだろう。そんなぼくの心を、さっきの女性は感じ取ったのかもしれない。ほんの一瞬エレベーターに同乗しただけだけれど、ちょっと目が合っただけだけれど、人生の大きな問題と戦っている最前線の人には簡単に感じ取ることができたのだろう。人は死と直面すると、それほどまでに研ぎ澄まされていくものなのだろうか。

そんなことを考えているうちに、エレベーターが5階に到着した。ぼくはエレベーターホールに掲出されている案内板を見て、512号室をめざした。

病棟の廊下を歩くと、リノリウム製の床がキュッキュッと高い音を立てた。寝ている患者さんを起こしてしまうのではないかとぼくは気が気ではなかったけれど、とにかく足早に512号室をめざした。

部屋の前に来ると、部屋番号の下には「畑中」と名前が書かれたカードが差し込まれていた。なぜか緊張したけれど、ぼくはドアをノックした。

「…はあい。…どうぞお。」

なかから畑中さんの声が聞こえた。ぼくはガラガラと扉を横に開くと、なかに向かって一礼した。

「失礼します。」

まるで面接試験でも受けるかのようにガチガチになりながら、ぼくは部屋に入った。畑中さんはベッドに座ってこちらをじっと見ていた。痩せていた。以前、お店で会ったときより確実に痩せていた。それから、顔色が前よりも白くなったように見えた。全体的に色素が薄くなったような、そんな印象を持った。

「あの、お見舞いに伺いました。」

ぼくはベッドのそばまで歩いていくと、そう話しかけた。

「…ああ、君は…、キースの少年じゃないか。おお、それはそれは、…わざわざありがとう。」

畑中さんは少しだけ微笑むと、ぼくにイスをすすめてくれた。

「よく、ここがわかったね。」

「はい。あのCDショップの店員さんから教えてもらって…。」

「おお、そうかそうか。○○堂の連中も知ってるわけか…。」

そう言うと畑中さんは顔をぼくの方から窓の方へと向けた。

ぼくは○○堂の店員さんたちと畑中さんとの歴史を知らないから、畑中さんの気持ちはわからなかったけれど、きっと複雑な思いがあるのだろうということだけは想像できた。

「はい。みなさんすごく心配していました。畑中さんのこと。」

そう言いながらぼくはちらりと病室を見まわした。小さな冷蔵庫とその上にのった小さなテレビ。畑中とマジックで名前が書かれたプラスチックのカップと、そこに立てかけられている歯ブラシ。窓際に置かれた花瓶とそこに飾られた紫陽花《あじさい》。

「その花、紫陽花ですか?」

ぼくは不思議に思って尋ねた。

畑中さんは紫陽花に目を向けると、その眼を細めるようにしてから掌《てのひら》で口から顎《あご》を2回なでた。

「ああ、そうだよ。紫陽花だよ。きれいな青だろう?」

「お見舞いのお花に紫陽花を持ってきた人がいるんですか?」

「ああ、ちょっと出版社の人に頼んで持ってきてもらったんだよ。」

慇・懃・無・礼?! 今月のオトナの四字熟語「表裏一体」

「ひょうりいったい」と読みます。「表裏」は「おもてとうら」、「一体」は「一つのもの」という意味ですので、四字熟語としては「あい反する二つのものが、大もとでは一つである」ということを指します。同じことがらであっても、立場をかえれば、正反対の意味合いを持つということ。皆さんにも思い当たることはありませんか?

今回の四字熟語について、筆者が考えるきっかけとなったニュースがあります。アメリカのメジャーリーグベースボール（ＭＬＢ）における優勝決定戦であるワールドシリーズで、6年ぶり8度目の優勝を果したボストン・レッドソックス。その勝利を締めくくった「胴上げ投手」こそが、日本人投手の上原浩治選手だったのです。もちろん日本人初の快挙です。優勝チームの守護神（抑えのエース）として大車輪の働きをした上原投手のピッチングには、鬼気迫るものがありました。皆さんもテレビ画面に釘付けになったのではないでしょうか。

上原投手の役割はcloser（クローザー）と言われています。「最終局面の短いイニングを投げて、試合を締めくくること」。仕事内容を説明するとこんな記述になります。それはそれは毎回しびれるような場面での登板になるワケです。「チームは1点差で勝ってはいるものの、ランナーには1塁・3塁に進まれ、一打逆転の大ピンチ」というタイミングで、いきなりバッターと対峙するということが「当たり前の状況」だったりするのです。目の前のバッターをうちとって、試合をクローズすること。求められるのは、ただそれだけです。この締めくくりに失敗すれば、仕事とはみなされない…。ＭＶＰ（最優秀選手）にも選ばれた上原投手のインタビューでは、マウンド上での感想をきかれて、「正直、はきそうでした!」と率直な心情を吐露し、アメリカの観客をわかせていました。

極限のプレッシャーに打ち克って自分の仕事を完遂する。世界最高の舞台で、文字通りその一挙手一投足に全世界の注目が集まるという、並大抵の神経では1秒たりとも落ち着いていられないような状況で、「大仕事」を成し遂げてみせた上原選手の心理状態というのは、一体どのようなものだったのでしょうか? 世界一のチームが決まった試合が終了した

国語 東大入試突破への現国の習慣

プレッシャーに打ち克つために、「敵」をつくるのも手なのです!

田中《たなか》 利周《としかね》先生

早稲田アカデミー教務企画顧問

東京大学文学部卒。東京大学大学院人文科学研究科修士課程修了。文教委員会委員。現国や日本史などの受験参考書の著作も多数。早稲田アカデミー「東大100名合格プロジェクト」メンバー。

とき、そのマウンドに立っていた上原投手をテレビ画面で注視しながら、そんなことを考えていた筆者の頭に浮かんできたのが、「表裏一体」という四字熟語だったのでした。

「絶対に勝たなければならない！」そんなプレッシャーをどうやってはねのけているのだろうか？　と思い巡らせていたときに、上原選手が日頃から口にされている「雑草魂」（自分は決してエリートではない。ふみつけられてもしぶとく生きのびるタイプだ。）という言葉を思い出し、それならば「絶対に負けてたまるか！」という強い気持ちで、マウンド上では奮い立っているに違いないのだろうと思い至って、ふと気がついたのです。あれ？　「勝たなければならない」ということと、「負けてたまるか」ということは、反対の内容になるのだろうか？　と。これはまさに「表裏一体」ではないか、と。

レッドソックスを応援するファンは、言うまでもなく上原投手に相手チームのバッターをうちとってほしい！　と、強く願っているわけです。また、レッドソックスのファンでもない筆者ですが、上原選手の投球を固唾をのんで見守って応援しているのは、日本人投手が活躍することを、ただ単に熱望しているからです。ところが相手チームのファンにしてみれば、「上原を打ち崩せ！」と、応援するチームのバッターに対して精一杯の声援をおくっているわけです。「上原、打たれろ！」と。応援してくれるファンに対しては「勝たなければならない」と、プレッシャーを感じるところでしょうが、上原選手の失投を願ってやまない相手チームの応援者に対しては、「負けてたまるか！」という強い気持ちをぶつけられるのではないか。自分の失敗を願う「敵」に対して向かっていくほうが、勝負の場面では強い気持ちでいられるのではないだろうか。そんなことを考えた次第です。

合否を決める入試の現場、テスト会場には「敵」なんかいない。あえて言うならば「弱い心を持つ自分自身だ！」なんて、いかにも正論ですが、真面目に凝り固まってリラックスできずに実力を出し切れなければ、それはとても残念でしょう？　ですからここで、世の中の出来事は「表裏一体」だということを思い出して、こんな風に考えてみてもいいじゃないでしょうか。君たちの合格を心から願う人たちの「裏」に、失敗しろ！　と罵声を浴びせてくるような「敵」を想定するのです。「表」の人たちの期待にこたえよう！　うまくやろう！　と、思いつめずに、「裏」に潜んでいるはずの「仮想敵」をイメージして、「負けるものか！」と奮い立つのです。先月号の連載で紹介した演劇的な自画自賛力に通じるところもあると思いますが、「失敗しないで」という周囲からのプレッシャーに弱い人には、特にオススメですよ。単純だからこそ、強力なんです（笑）。

グレーゾーンに照準！
今月のオトナの言い回し
「えこひいき」

教え子から、「えこひいき」って「環境に優しい」って意味ですか？　と質問されたときには、「うまいこと言うね、座布団一枚！」と返そうかと思ったのですが…どうも質問した本人は真面目に「エコ」＋「ひいき」だと思っていた様子でした。漢字で書くと「依怙贔屓」となりますので、その意味はお分かりでしょう…って難しいですよね（笑）。意味のほうがよく知られています。「自分の気に入っている者や、関係のある者だけの肩をもつこと」という内容ですよね。「あの先生は怖いけれども、えこひいきだけはしないから、生徒から信頼されている」なんていう使い方で、おなじみですよね。

「依怙」という言葉は、もともとは仏教用語で「神仏におすがりすること」という意味なのですが…ここではその本来の意味は薄れています。では、どのように理解すればいいのでしょう？　「依怙地（えこじ・いこじ）になる」という慣用表現から想像がつくのではないでしょうか。「かたくなに意地を張ること。我を張ること」、という意味ですから、「依怙」には「自分だけの」というニュアンスがありそうだと気づいてくださいね。

では教え子が言った「エコ」とは、どういう意味でしょうか？　「エコロジー（ecology）」の略語ですよね。本来は生態系の構造と機能を明らかにしようとする「生態学」という意味です。そこから、「生活環境保護」や「自然保護運動」も指すことになりました。

ですから本当に「エコひいき」なる言葉は存在するのです。環境省がモデル事業として地方自治体や企業と協力して様々な取り組みを行っているのですが、たとえば「エコひいきカード」の発行という事業があります。地域内の商店、飲食店、ホテル、公共交通機関等で省エネ商品・サービスの購入・利用をすることによりポイントがたまるというシステムです。満点まで集めると、５００円の金券として商品の購入ができるものです。教え子の感覚も、環境省レベルということでしょうか。それとも、環境省のレベルが…いえいえ、広く市民の理解を得るためのネーミングの工夫であると、考えましょう。オトナの理解ですね（笑）。

〔ア〕$d=0$のとき、$4a+9b+16c=67$
このとき、bの値は8未満で、$4a+16c$は4の倍数よりbは奇数でなくてはならない。
$b=1$のとき　$4a+16c=58$で適さない（4の倍数ではないから）。
$b=3$のとき　$4a+16c=40$、$a+4c=10$より、$(a,\ c)=(10,\ 0)$、$(6,\ 1)$、$(2,\ 2)$
$b=5$のとき　$4a+16c=22$で適さない。
$b=7$のとき　$4a+16c=4$、$a+4c=1$より、$(a,\ c)=(1,\ 0)$
〔イ〕$d=1$のとき、$4a+9b+16c=42$
このとき、bの値は5未満で、$4a+16c$は4の倍数よりbは偶数でなくてはならない。
$b=0$のとき　$4a+16c=42$で適さない。
$b=2$のとき　$4a+16c=24$、$a+4c=6$より、$(a,\ c)=(6,\ 0)$、$(2,\ 1)$
$b=4$のとき　$4a+16c=6$で適さない。
〔ウ〕$d=2$のとき、$4a+9b+16c=17$
これを満たすbの値は1だけで、このとき$4a+16c=8$、$a+4c=2$より、$(a,\ c)=(2,\ 0)$
〔ア〕～〔ウ〕を整理すると下のようになるので、
[2, 1, 0, 2]、[2, 2, 1, 1]、[2, 3, 2, 0]

a	10	6	2	1	6	2	2
b	3	3	3	7	2	2	1
c	0	1	2	0	0	1	0
d	0	0	0	0	1	1	2
合計	13	10	7	8	9	6	5

次は球に関する問題で、角柱に球が内接している問題です。

問題2

図のように，1辺の長さが$6+6\sqrt{3}$の正三角形を底面とする三角柱に，半径の等しい4個の球が内接している。ただし，次の条件を満たしている。

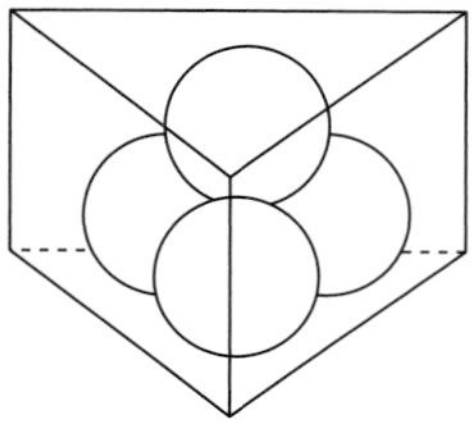

〔条件〕
（i）　どの球も，他の3個の球と接する。
（ii）　下段の3個の球は，それぞれ三角柱の底面と2つの側面に接する。
（iii）　上段の球は，三角柱の上面に接する。

（青山学院）

(1)　球の半径を求めなさい。
(2)　三角柱の高さを求めなさい。

＜考え方＞

(1)　問題の立体を真上から見た場合を考えると、正三角形に半径が等しい３個の円が内接している問題と同じになります。

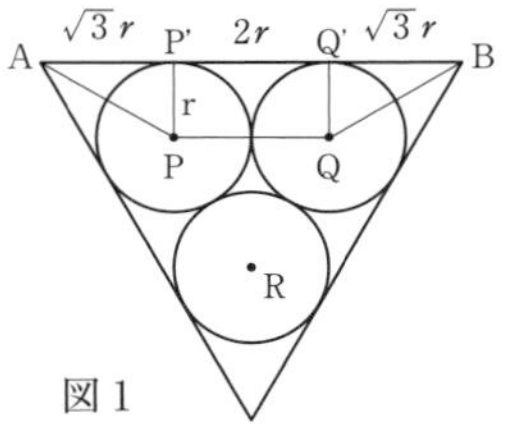

図１

(2)　４個の球の中心を互いに結んでできる立体はどのような形であるかを考えましょう。

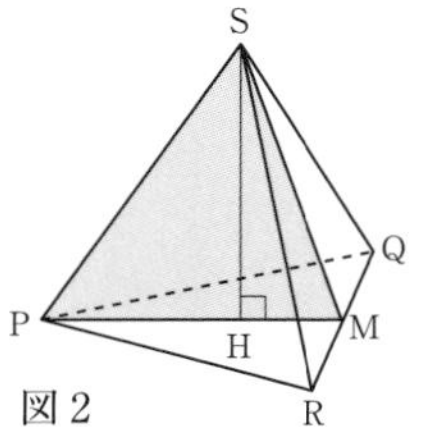

図２

＜解き方＞

(1)　下段の３個の球の半径をr、中心をP、Q、Rとすると、図１の△APP'と△BQQ'は三角定規、四角形P'PQQ'は長方形だから、ABの長さは$(2+2\sqrt{3})r$と表されるので、$(2+2\sqrt{3})r=6+6\sqrt{3}$より、$r=3$

(2)　上段の球の中心をSとすると、立体SPQRは１辺が6の正四面体である。
図２で、点Hは正三角形PQRの重心だから、
△SHMにおいて$\mathrm{HM}=\frac{1}{3}\mathrm{PM}=\frac{1}{3}\mathrm{SM}$
よって、三平方の定理より、$\mathrm{SH}=\frac{2\sqrt{2}}{3}\mathrm{SM}$
$\mathrm{SM}=3\sqrt{3}$より、$\mathrm{SH}=2\sqrt{6}$
三角柱の高さは、これに球の半径を２つ加えたものだから、$\mathbf{6+2\sqrt{6}}$

回転体については、その体積、表面積を求める公式も多く計算もやや複雑ですから、公式を正確に覚え、それを使いこなす練習をすることがまず必要です。さらに立体の問題では、先月と同様に相似と三平方の定理が大いに活躍します。これらの定理を正しく使うためにも、手早く適切な図がかけることが大切です。問題に描かれている図に必要な線分などを付け加えるだけで解けるものもありますが、図を描く手間を惜しんで勘違いや思い込みによるミスを犯すことのないようにしましょう。とくに、問題２のように、問題を立体のまま考えるのではなく、平面図形に置き換えて考えることが重要ですから、ぜひ参考にしてください。

数学 楽しみmath 数学！DX

空間図形の応用問題 ケアレスミスに気をつけよう！

登木 隆司先生
早稲田アカデミー　城北ブロック ブロック長
兼 池袋校校長

前月に引き続き空間図形の２回目として、今月は円柱、球などの回転体について学習していきましょう。最初は円柱から見ていきます。

問題１

図１のような，円柱の形をした４種類の積木A，B，C，Dがそれぞれたくさんある。積木A，B，C，Dの底面の半径は，順に2cm，3cm，4cm，5cmであり，高さはいずれも1cmである。この積木を水平な台の上で何枚か重ねて立体をつくり，その体積や表面積を考える。ただし，すべての積木の底面の中心は一直線上にあり，その直線が台に垂直になるように積木を重ねるものとする。また，立体の表面積とは，つくった立体の表面全体の面積のことであり，台と接している面の面積もふくめる。

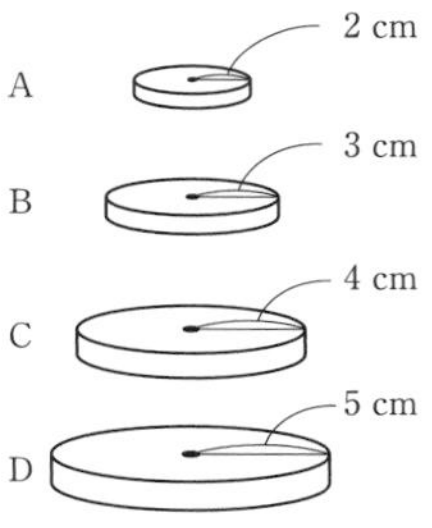

図１

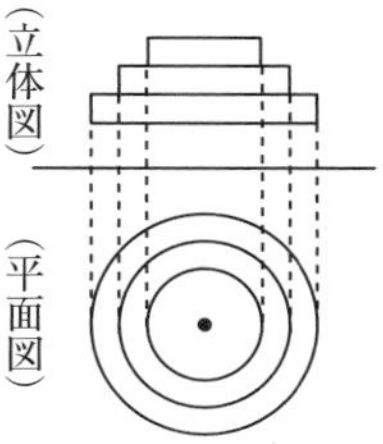

図２

（栃木県・一部略）

(1)　積木A，B，Cを１枚ずつ重ねて，投影図が図２となるように立体をつくった。この立体の表面積を求めなさい。

(2)　積木Aをa枚，Bをb枚，Cをc枚，Dをd枚重ねて立体をつくったところ，その体積が67π cm^3となった。積木A，B，C，Dをそれぞれ何枚使ったか。考えられる枚数の組のうち，使った枚数の合計が少ない方から３つ答えなさい。ただし、答えは［a，b，c，d］のように書き、使わない積木がある場合はその枚数を０と書くこと。

＜考え方＞

(1)　円柱の展開図を描くと、側面は長方形になり、縦の長さは立体の高さ、横は底面の周の長さと等しい。

(2)　dは3以上にはなれないので、$d=0$、1、2で場合分けして考えましょう。

＜解き方＞

(1)　図２の立体の上から見える部分の面積は、下底面の面積と等しいので、この立体の表面積は、
$\pi\times4^2\times2+2\pi(2+3+4)\times1=50\pi\,(cm^2)$

(2)　積木A、B、C、Dの体積は、それぞれ、4π、9π、16π、$25\pi\,cm^3$だから、$4\pi a+9\pi b+16\pi c+25\pi d=67\pi$より、$4a+9b+16c+25d=67$

部、経営学部を中心に数学を選択科目として受験することができます。ただし、私立大学で数学が必須科目となることはありません。

理系の数学

小川：理系では「数学Ⅰ・A」「数学Ⅱ・B」「数学Ⅲ」までが履修科目です。国公立大学・私立大学ともに当然のことながら、多くは数学を必須受験科目とし、ほとんどの学部では「数学Ⅰ・A」「数学Ⅱ・B」「数学Ⅲ」が出題範囲となります。

ここまでは中学数学と高校数学の違いを見てきましたが、逆に共通点や高校数学の考え方を中学生へ落とし込んで教えていることなどはありますか？

川俣：もちろんです。代表例が以下の定点公式といわれるものです。

高校数学問題紹介

川俣：みなさんは関数における定点公式をご存知でしょうか？

> **定点公式**
> 傾きがaで、座標（p , q）を通る直線の式は
> $y=a(x-p)+q$　と表せる。

川俣：ひょっとしたら中2か中3で先生から教わった人もいるのではないでしょうか？　実際は、$y-q=a(x-p)$ のように表すと、この公式の証明がわかりやすくなります。

［証明］

原点を通る直線を、Y＝aXとするとき、この直線をx軸方向にp、y軸方向にqだけ平行移動します。

このとき当然、原点（0 , 0）にあった点は座標（p , q）まで移動するため、平行移動した直線は座標（p , q）を通る直線になります。

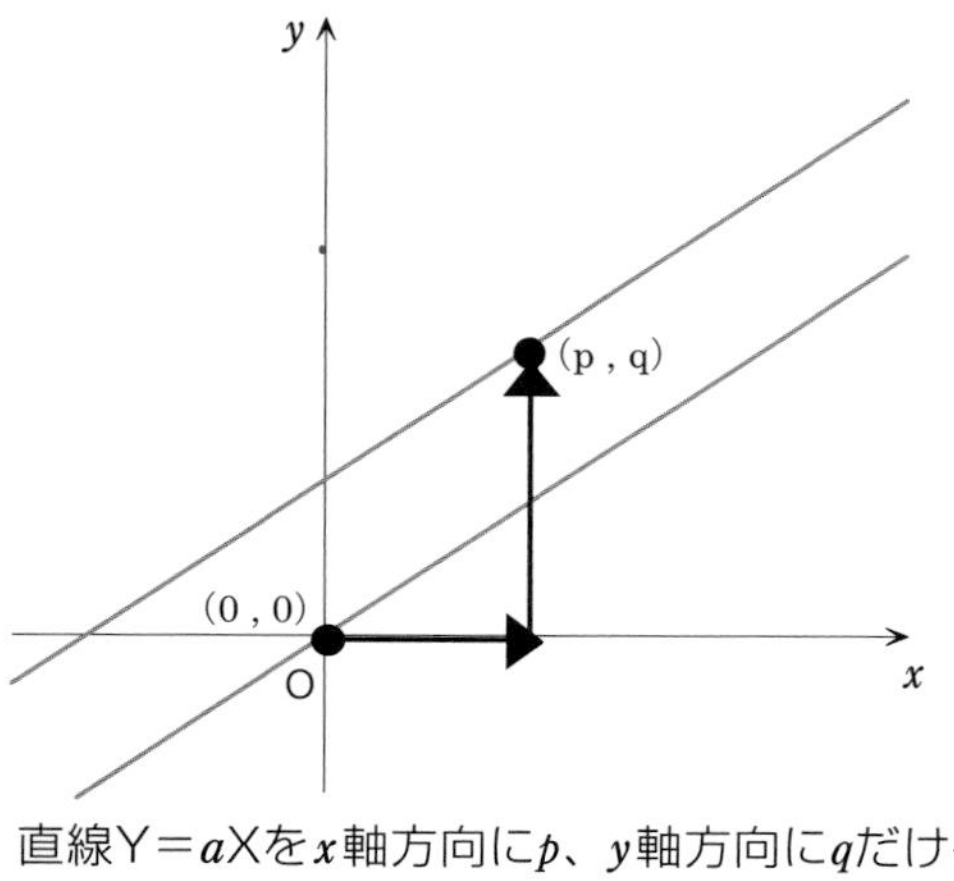

また、直線Y＝aXをx軸方向にp、y軸方向にqだけ平行移動したわけですから

X＋p＝x　…①、Y＋q＝y　…②とするとき、このx、yを満たす直線の式が、傾きがaで、座標（p , q）を通る直線の式を表すことになります。

①、②の式をそれぞれ移項すると、X＝$x-p$、Y＝$y-q$となりますので、これらをY＝aXの式に代入して、

$y-q=a(x-p)$ となるわけです。［証明終］

2次関数の拡張

川俣：さて、ここからが本題です。中3の単元である「2次関数」では、グラフの式は$y=ax^2$となりますが、このとき放物線の頂点は原点（0 , 0）にあります（図1）。

高校数学での2次関数のグラフの式は、一般的な形として$y=ax^2+bx+c$で表します。

この式は、中学数学で解の公式を導き出すときにも使う（ちなみに2013年度の開成高校の入試問題にも出題されたばかりですね！）平方完成を用いて、$y=a(x-p)^2+q$ の形に変形することができます。

この式、先ほどの定点公式に登場する$y=a(x-p)+q$にそっくりですよね？　それもそのはず、

$y=a(x-p)^2+q$　も、$y=ax^2$ をx軸方向にp、y軸方向にqだけ平行移動したグラフだからです（図2）。

図1

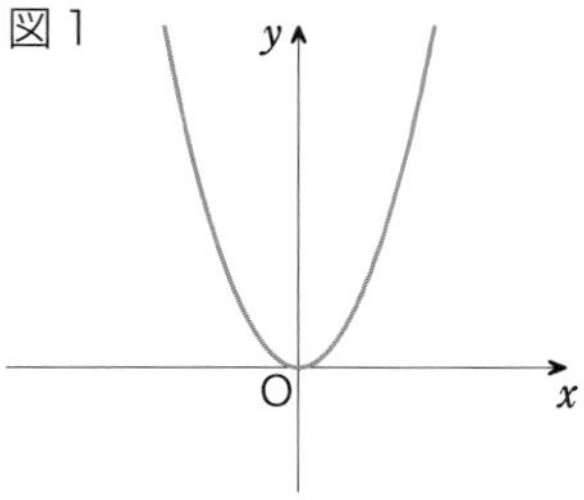

図2

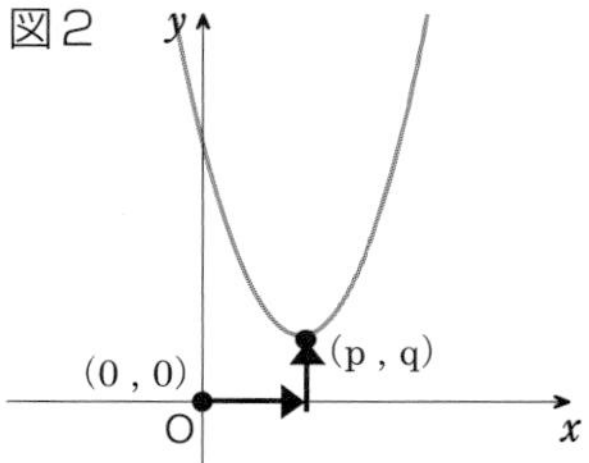

川俣：このとき、原点（0 , 0）にあった放物線の頂点が、座標（p , q）に移動したわけですから、

放物線の式$y=a(x-p)^2+q$は、比例定数がaで、頂点が（p , q）にあるグラフだと説明することができます。

このように、高校数学は中学数学の拡張としてスタートすることになりますが、中学で学習した便利公式としてしか考えていなかった定点公式が、じつは高校数学においては重要な役割を担ってくるのだということは、あまり教えてもらえないことなのかもしれません。

いずれにしても、次数が増えたり、新たな記号が登場したり、扱う情報量が増えてくることは確かですから、高校数学のスタートをスムーズにするためには、中学数学のうちに可能な限り処理能力を向上させておくことをおすすめします。

高校数学は新指導要領の改訂によって、じつはおもに高1で学習する数Ⅰ·数Aが重たくなっています。数学は高1が勝負です。

高校受験で学習していることが、高校での学習にも直結していくことが理解できましたか？　現在、みなさんが頑張っていることはムダにならない、むしろ未来へつながっていくものなのです。

高校進学、そのさき

久津輪 直先生

早稲田アカデミー　サクセス18ブロック
副ブロック長　兼　Success18渋谷校校長

開成・早慶附属合格者を多数輩出してきた早稲田アカデミー中学部が誇る英語講師。綿密な学習計画立案と学習指導、他科目講師とチームとなって連携指導する卓越した統率力を高校部門Success18渋谷校校長として着任後も遺憾なく発揮。週末は現役の開成必勝クラス担当者として、その辣腕をふるっている。

小川 智之先生

早稲田アカデミーSuccess18調布校校長 大学受験部門数学科 科目責任者。「楽しい・分かりやすい」はもちろん、定期テストや実際の入試での「得点」が上がる授業を心がけています。また、進路指導においては、緻密な入試データ分析を駆使し、適切な道を示します。日々の授業対策から受験指導まで、一緒に頑張りましょう。

川俣 康全先生

早稲田アカデミーSuccess18大宮校校長。 数学の力は真の理解から。 真の理解は正しいイメージの構築から。 中高大すべての入試に精通し、 生徒一人ひとりが歩んだ歴史を分析。 個々にとって一番必要なポイントを明らかにしてくれます。 数学を好きになりたければ、 数学で勝ちたければ川俣におまかせ！

　みなさん、こんにちは。早稲田アカデミー大学受験部門Success18の久津輪です。前号は「英語」についてお話しさせていただきました。今月は「数学」です。小学校から中学校では「算数」から「数学」へと変化したわけですが、中学校から高校では「数学」は変わらず。でも、その実態は･･･。

中学数学と高校数学の違い

小川 智之先生（以下、小川）：長年、開成必勝を担当し、中学部にも精通している川俣先生から見て、中学数学と高校数学の違いはなんだと感じますか？

川俣 康全先生（以下、川俣）：中学数学の場合、さまざまな単元に重なりがあり、連動していることが大きな特徴でしょう。

中学数学のイメージ＝積み上げ・連動型

（例）中学校における数式分野

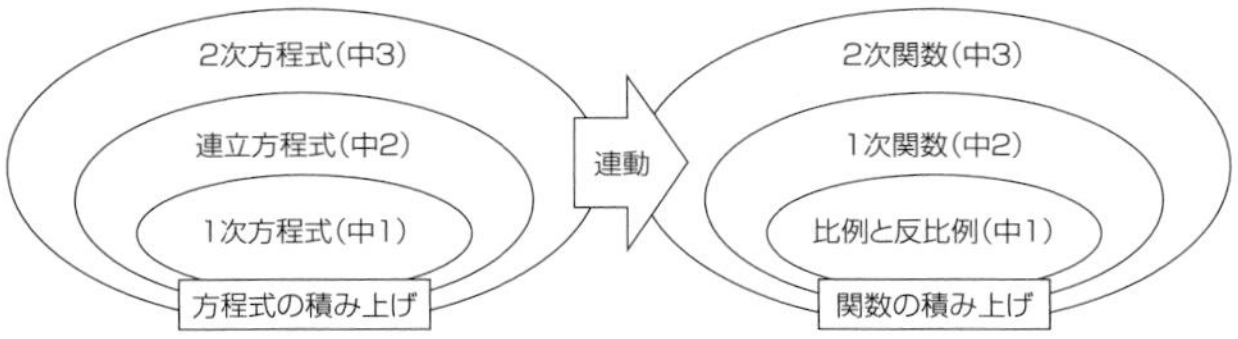

　つまり中学３年生の学習単元を勉強していれば、おのずと中学１・２年生の単元も学習していることとなります。

　それに対し高校数学の場合には、ほとんどの単元が独立していることが特徴でしょう。

高校数学のイメージ＝独立型

（例）一般的な高校における理系数学の場合

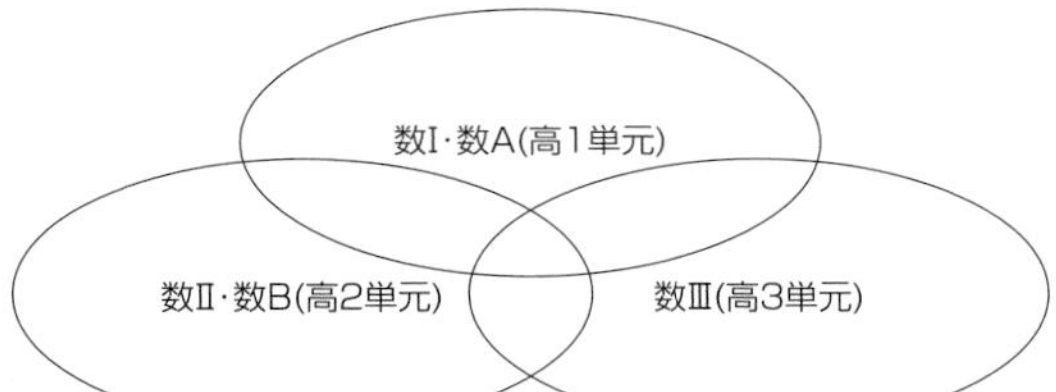

　中学数学とは違い、重なりが少ないことがわかると思います。つまり高校３年生の内容を理解できたとしても、高校１・２年生の内容のほとんどがカバーできていないのです。したがって、早期の対策が必要になってきます。

川俣：小川先生から見た高校数学の特徴はなんだと感じていますか？

小川：いまの川俣先生のお話に加えて高校数学のもう１つの特徴として、単元が非常に多いことがあげられますね。

高校数学の紹介

高校数学の単元と大学入試における利用

科目	単元名	私立文系	国立文系	理系
数学Ⅰ	数と式・集合と論理・２次関数・三角比・データの分析	△	○	○
数学A	場合の数・確率・整数の性質・図形の性質	△	○	○
数学Ⅱ	式と証明・複素数と方程式・図形と方程式・三角関数・指数関数･対数関数・微分と積分	△	○	○
数学B	数列・ベクトル	△	○	○
数学Ⅲ	複素数平面・式と曲線・関数・極限・微分法・微分法の応用積分法・積分法の応用	×	×	○

小川：高校での数学は、おもに数学Ⅰ・Ⅱ・Ⅲ・A・Bに分かれています。数学Ⅰ・Aは中学の知識を基礎としたものから始まりますが、次第に「数列」や「微分・積分」などのまったく新しい単元が登場し、一気に内容が難しく感じられるようになります。また、計算の量も格段に多くなり、必然的に計算ミスも増えます。論理や解法が頭に入っていても計算でつまずいてしまって苦手意識を持つことも十分に考えられます。

文系の数学

小川：文系ではおもに「数学Ⅰ・A」「数学Ⅱ・B」までが履修科目です。国公立大学を受験する場合も、多くの大学で「数学Ⅰ・A」「数学Ⅱ・B」がセンター試験での必須科目となります。また、私立大学を受験する場合でも経済学

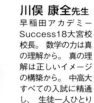

英語で話そう！

川村 宏一先生
早稲田アカデミー　教務部中学課
上席専門職

朝がちょっぴり苦手な中学３年生のサマンサは、父（マイケル）と母（ローズ）、弟（ダニエル）との４人家族。

サマンサは、友人のリリーと毎朝いっしょに登校しています。リリーとは、家が近く部活も同じということで、中学校に入学したころからとても仲良くしています。先週リリーに貸してもらった本がとても気に入ったサマンサは、会うとすぐにお礼を言いました。

2013年12月某日

Lily　　：Good morning, Samantha.
リリー：サマンサ、おはよう。

Samantha：Good morning, Lily. It is cold today, isn’t it?
Thank you for lending me the book.
It is very interesting.
サマンサ　：おはよう、リリー！ 今日も寒いわね。
本を貸してくれてありがとう。…①
とてもおもしろかったわ。

Lily　　：I’m so glad to hear that. I like the book, too.
リリー：よかったわ。わたしもその本が大好きよ。…②

Samantha：Really? We get on well, don’t we?
サマンサ　：本当に？　私たちやっぱり気が合うわね。…③

今回学習するフレーズ

解説①　Thank you for ～ing	相手がしてくれたことに対して感謝を表す表現 (ex) Thank you for coming to my birthday party. 「誕生日会に来てくれてありがとう」
解説②　I’m glad to 動詞	to以下をすることに対して喜んでいる表現 (ex) I’m glad to hear the news.「そのニュースを聞いてうれしいです」
解説③　We get on well.	「私たち気が合うわね」という意味。ほかにもget along wellやhit it offという表現がある。 (ex) Tom and I get on well together.「トムと私は非常にうまくやっている」

教えてマナビー先生！
世界の先端技術

プロフィール
日本の某大学院を卒業後海外で研究者として働いていたが、和食が恋しくなり帰国。しかし科学に関する本を読んでいると食事をすることすら忘れてしまうという、自他ともに認める"科学オタク"。

まな板タブレット

料理を楽しくおいしく作るための強い味方ができた

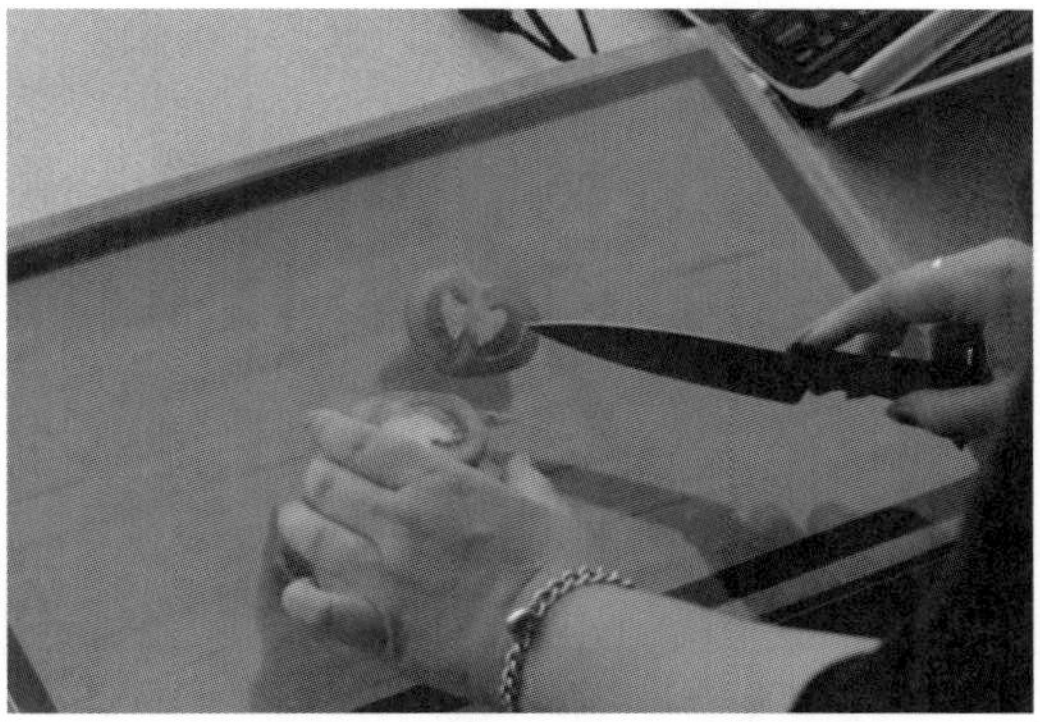

まな板の画面に映し出されるトマトと同じように切ればいいので、料理がとても楽にできる

料理を作るのは楽しいよね。君たちもカレーを作ったりしたことがあるだろう。作るのも楽しいし、できた料理がおいしいともっと嬉しくなるよね。今日紹介するのは、どの家の台所にもあるまな板の進化版だ。

いま多くのお母さんは、インターネットで料理のレシピを探しながら料理を作っているんじゃないだろうか。料理の本を見ながら作っていたときからみると、簡単に色々なレシピを見つけてくることができて本当に便利になった。コンピュータがどんどん台所に入り、家事を助けているんだね。

さて、まな板といえば木かプラスチックでできているよね。でも、いま研究されているChop-Sycと名づけられたまな板はそんな普通のまな板とは違って、料理を助けるための機能がいっぱい詰まっているんだ。コンピュータとまな板が合体したものといってもいいだろう。

まな板は野菜や肉などの材料を切るためのものだよね。Chop-Sycももちろんまな板だから材料を切るために使うのだけれど、なんと、そのまな板自体がスクリーンになっているんだ。

スクリーンの表面は、包丁で切っても傷のつかない強化ガラスでできていて、もちろんレシピを表示することもできるし、ぬれた手で触っても大丈夫なようになっている。レシピはまな板自体に表示されるので、コンピュータのある部屋と行ったり来たりとかプリントアウトする必要もない。

Chop-Sycの機能はレシピを見るだけではない。レシピにある材料を量ることもできる。まな板の上に材料を乗せるだけで重さを量ってくれるんだ。さらに、ゆで時間や調理時間などを計るためのキッチンタイマーにもなるよ。材料の長さをそろえて切るときはまな板の画面が定規にもなる。

量った材料からカロリー計算することもできる。料理をするときに便利な機能がいっぱい詰まったまな板だね。

Chop-Sycが完成して家庭に入ってくれれば、家でのお手伝いも楽しくなる。もっと楽しくおいしく料理ができるというわけだね。

みんなの数学広場 問題編

TEXT BY かずはじめ

数学を子どもたちに、楽しく、わかりやすく、使ってもらえるように日夜研究している。好きな言葉は、"笑う門には福来る"。

初級～上級までの各問題に生徒たちが答えています。
どの生徒が正しい答えを言っているか当ててみよう。
もちろん、当てずっぽうじゃなく、実際に問題を解いてみてね。

答えは次のページ

上級

辺の長さ１の立方体 OADB-CEFG があります。
辺 EF、FG の中点をそれぞれ P、Q とし３点 O、P、Q を通る平面と辺 AE、BG の交点をそれぞれ H、I とする。

このとき、五角形 OHPQI の面積は？

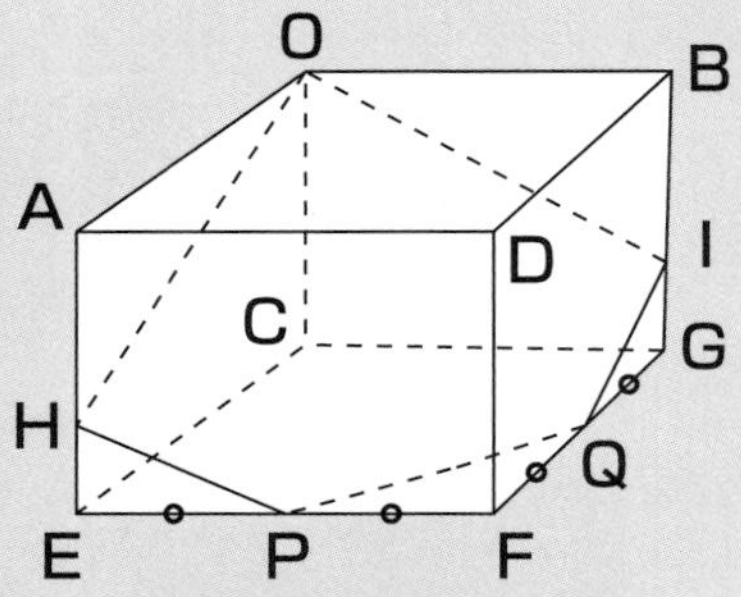

A

答えは…

$\frac{7}{8}$

カンタンだよ!

B

答えは…

$\frac{\sqrt{17}}{3}$

これは難しい…。

C

答えは…

$\frac{7\sqrt{17}}{24}$

骨のある問題だったね!

中級

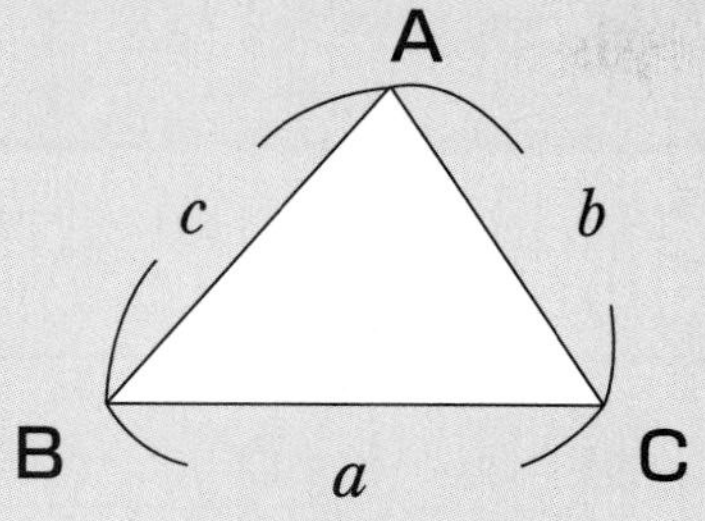

左の△ ABC の３辺の長さを

AB ＝ c、BC ＝ a、CA ＝ b とするとき、

△ ABC の面積 S は？

A

答えは…

$a+b+c=s$　として

$$S=\left(s-\frac{a}{2}\right)\times\left(s-\frac{b}{2}\right)\times\left(s-\frac{c}{2}\right)$$

という公式があるよ!

B

答えは…

$\frac{a+b+c}{2}=s$　として

$$S=\sqrt{s\times(s-a)\times(s-b)\times(s-c)}$$

という公式があるんだ。

C

答えは…

$\frac{a+b+c}{2}=s$　として

$$S=\sqrt{(s-a)\times(s-b)\times(s-c)}$$

という公式よ。

初級

90°のことを∠ R と書きます。

この「R」はなんのこと？

A

答えは…

RUN（走る）

の意味よ。

B

答えは…

RADIUS（半径）

に決まってるじゃないか。

C

答えは…

RIGHT（ちょうど）

っていうことです。

解答編

上級

正解は **C**

右の図1のように、OHとCEの交点をJ、OIとCGの交点をKとすると、JKはPとQを通ります。

△EPJ ≡△PFQ ≡△QGK
なので、△CJKは直角二等辺三角形（図2）。

そこで、五角形OHPQIに上から光を当てた影を考えます（図3）。

影の面積をS'とすると

S'＝五角形CEPQGの面積

$=1\times 1-\frac{1}{2}\times\frac{1}{2}\times\frac{1}{2}=\frac{7}{8}$

三平方の定理から

$\mathrm{OM}=\sqrt{1^2+(\frac{3}{4}\sqrt{2})^2}=\frac{\sqrt{34}}{4}$

$\mathrm{OM}:\mathrm{CM}=\frac{\sqrt{34}}{4}:\frac{3\sqrt{2}}{4}$

$=\sqrt{17}:3$

よって、求めるOHPQIの面積をSとすると

$S:S'=\mathrm{OM}:\mathrm{CM}$

$=\sqrt{17}:3$

つまり　$3S=\sqrt{17}\ S'$

$S=\frac{\sqrt{17}}{3}S'$

$=\frac{\sqrt{17}}{3}\times\frac{7}{8}=\frac{7\sqrt{17}}{24}$

図1

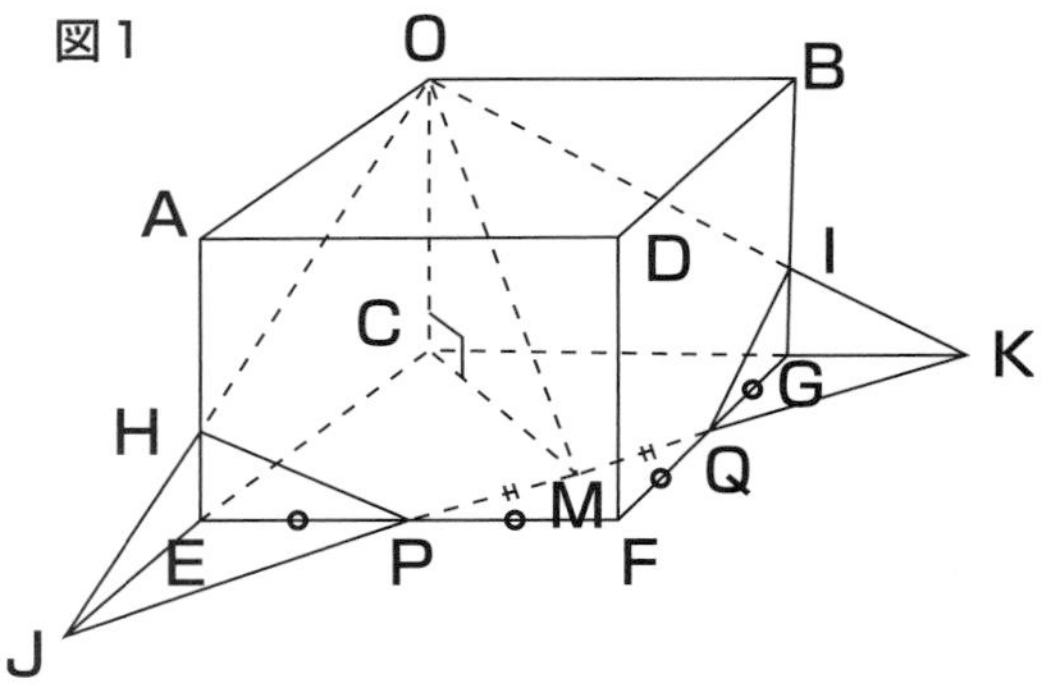

図2

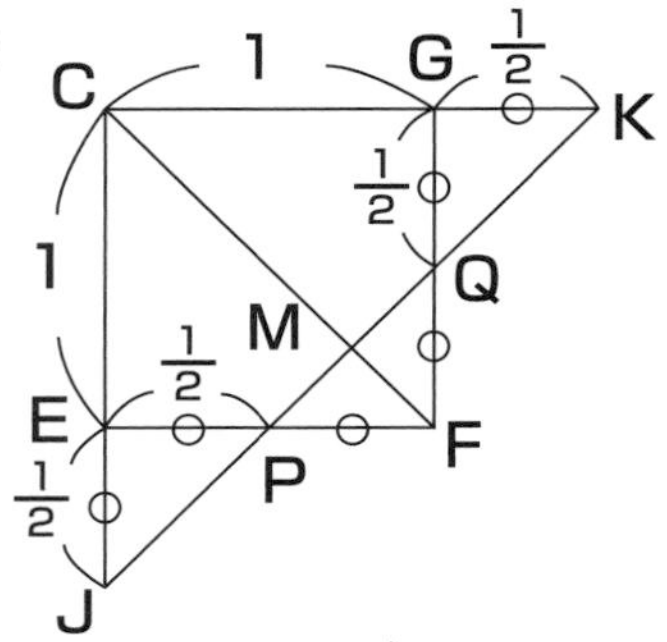

図3

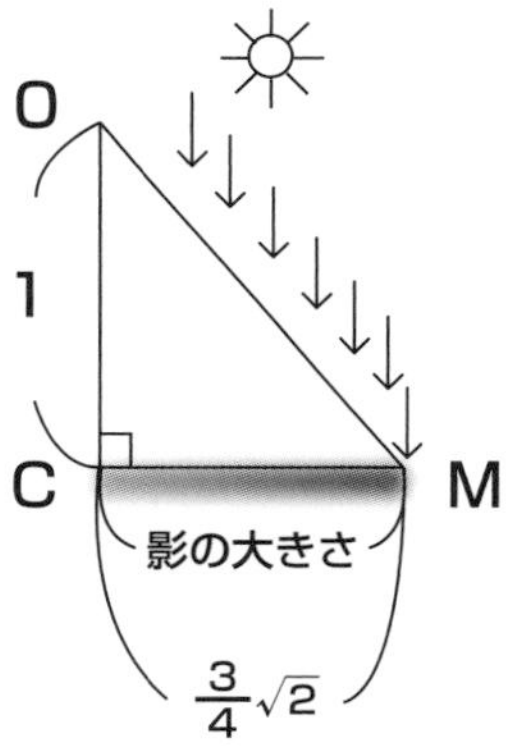

それは影の面積だよ。

$\frac{\sqrt{17}}{3}$は斜面と影の面積の関係だ。

中級

正解は **B**

これは実際に

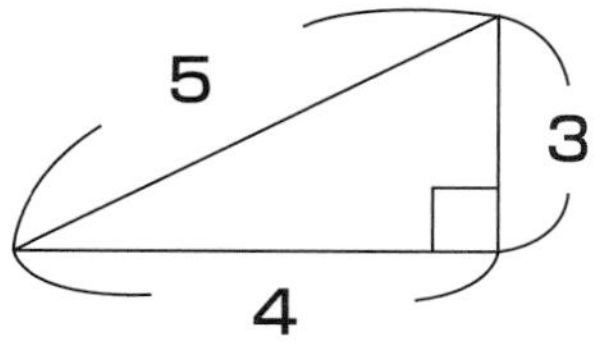

を使うとよくわかります。この面積は $4\times3\times\frac{1}{2}=6$ です。

A さんの公式を使うと…

$S=\left(12-\frac{3}{2}\right)\left(12-\frac{4}{2}\right)\left(12-\frac{5}{2}\right)$

$=\frac{21}{2}\times10\times\frac{19}{2}=\frac{1995}{2}$ となるから NG。

B さんの公式を使うと…

$S=\sqrt{6(6-3)(6-4)(6-5)}=\sqrt{36}=6$ となるので OK ！

C さんの公式を使うと…

$S=\sqrt{(6-3)(6-4)(6-5)}=\sqrt{6}$ となるからバツ！

ちなみに、B さんのこの公式を「ヘロンの公式」といいます。

《ヘロンの公式》

$AB=c$、$BC=a$、$CA=b$ とする△ ABC において

$\frac{a+b+c}{2}=s$ として

△ ABC の面積 S

$=\sqrt{s(s-a)(s-b)(s-c)}$

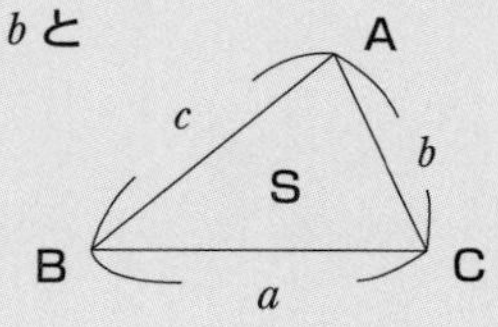

正しそうに見えるけれど…。

ひっかかったね!

初級

正解は **C**

90° がちょうどよい！　っていうことです（笑）。

どうして走るの?

半径は数学らしいけれどね。

法政大学

経営学部経営戦略学科1年

越智《おち》　未空《みそら》 さん

先輩に聞け！

大学ナビゲーター

活かしたい

新たな夢を見つけて志望学部を変更

――法政大学の経営学部を志望した理由を教えてください。

「経営について学びたかったので、色々な大学の経営学部を中心に受験しました。そして、大学受験案内などでそれぞれの大学の特色を調べ、自分が関心のある分野について1番深く学べそうな法政大の経営学部に入学することを決めました。」

――なぜ経営学部を志望したのですか。

「もともとは心理カウンセラーになりたかったので心理学部をめざしていましたが、高校時代に女子ハンドボール部でキャプテンを務めたことで、チーム作りや組織作りに興味を持つようになり、経営学部をめざすようになりました。」

――志望を変えたのはいつごろですか。

「高2の秋ごろまでは心理学部しか考え

海に浮かぶカラフルなヨット

ヨット部で活躍する越智さん

【部活引退後の切り替え】

中学時代はバスケットボール部に所属していて、中3の6月までは部活に打ち込んでいました。部活をしているときはなかなか勉強に身が入らなかったのですが、引退を期に受験モードに切り替えることができました。大切なのは切り替える覚悟を事前にしておくことです。全部中途半端になってしまうのが1番よくないので、両立しようとしてもできないときは「引退したら切り替えるぞ」という覚悟だけはしておいて、引退までは部活に打ち込み、その後勉強に集中するといいと思います。

【環境を変えて気分転換を】

家では勉強に集中できないタイプだったので、塾の自習室で勉強していました。でも、自習室にいても集中できないときもあって、そんなときは地元の図書館に行っていました。場所を変えることで気持ちも切り替わるので、勉強に集中できないと思ったときは、場所を変えるといいかもしれません。

ていなかったのですが、高2の3月ごろから心理学部と経営学部のどちらを志望しようか悩むようになりました。最終的に経営学部に絞ることを決心したのは高3の6月で、それまでは周りの先生や友だち、家族にたくさん相談して、色々なアドバイスをもらいました。決めるまではとても悩み苦しみましたが、決めてからは気持ちも楽になったし、勉強にも身が入りました。」

――どんなことを学んでいますか。

「必修科目の『経営学総論』という講義では、組織論やリーダーシップ論などを学んでいます。リーダーシップ論では、ワンマンタイプ、周りの意見を取り入れるタイプなど、さまざまなタイプのリーダーがいることを学び、自分はどういうリーダーになりたいのかを考えながら講義を受けました。教授は実際に企業で働いたことのある方なので現場の話も聞けますし、なにより自分が学びたかった分野なので、毎回楽しく講義を受けています。

　必修科目はほかに、『ミクロ経済学』や『簿記』などがあります。どちらも難しいので、教科書とは別に自分で本を買い、頑張って勉強しています。」

――ほかにどんな講義を受けていますか。

「教養科目の『社会学』の講義は楽しく受講しています。社会学は本当に幅が広いので、『仕事と遊び』『結婚・恋愛観』『学問の意味とは』など、毎回違うテーマについて学ぶことができておもしろいです。

　ほかにも『原子から宇宙まで』という理系の講義も受講しています。大学は文系・理系の線引きがあまりないので、自分が学びたいと思った分野を自由に学べるのがいいですね。」

――部活には所属していますか。

「大学のヨット部に所属しています。11月から2月のなかばまではオフの期間で、それ以外の期間は毎週土日に、八景島の合宿所へ行って泊まりがけで練習しています。ヨット部は夏休みは週5日練習がある、体育会のハードな部活ですが、厳しさのなかにも楽しさがあります。」

――これから頑張りたいことはなんですか。

「組織を引っ張っていくにはどうしたらいいのかというリーダーシップ論を深く学びたいので、3年生になったらそうしたことを学べるゼミに入り、知識を深めていきたいです。また、女性の社会進出についても関心があるので、併せて学習していきたいです。

　法政大はキャリアプログラムが充実していて、インターンシップも科目として履修することができます。卒業後はどういった企業で働くか具体的なことはまだ決めていないので、そういった大学の制度を活用して、将来を考えていきたいと思います。そして、大学で学んだことを活かして、いいチームとして働ける職場環境を作っていくのが目標です。」

大学で学んだ知識を職場環境作りに

【工夫して覚えた暗記科目】

暗記するのが苦手で、ただ文字を追っているだけではなかなか覚えることができなかったので、英単語などは身体を使って覚えようとしました。自分なりに工夫して、書いたり、聞いたり、声に出したり。ときには聞きながら声に出して書くなど、すべてを組み合わせることもありました。

　1番苦手だったのは理科で、先生や友だちに基礎から教えてもらいながら、重要事項をその場で覚えていきました。

　社会は先生がすすめてくれた1問1答形式というのをやっていました。1問1答といっても、だれかが作ったものを解答するのではなく、自分で問題を作って、自分で答えるというものです。この作業が結構楽しくて、どんどん勉強を進めていきました。

【受験生へのメッセージ】

いまの自分の実力では志望校に届かないと思っていても、気持ち次第で行けるようになるはずです。私も最初は志望校合格に学力が足りていませんでしたが、「行きたい」という気持ちだけは持ち続けて一生懸命受験勉強を頑張った結果、第1志望の高校に合格することができました。

　受験勉強はつらいですが、支えてくれる家族のありがたみに気づくことができたり、自分自身も成長できたりと、いま受験期を振り返ってみると、受験をしてよかったと思うことばかりなので、みなさんも「あの学校に行きたい」という強い気持ちを持ち続けて、頑張ってください。

あれも日本語 これも日本語

第47回 弓道から生まれた言葉

今回は、弓道用語から一般的に使われるようになった言葉をみてみよう。

弓道は日本古来の武道で、弓を引いて矢を的《まと》にあてるもの。矢を射るために、弓の弦《つる》を大きく引く。そのまま構えることを「満を持《じ》す」というんだ。転じて、準備を十分にして機会を待つことを言うようになった。

「毎晩勉強して、準備万端。満を持して試験に臨んだ」というふうに使う。

満を持したあとは、弦を引いた手を放し、的に向かって矢を射る。矢が的にあたると「あたり」。

「君の言ったことはあたりだ」などと言うのは、本来、弓道から出た言葉だったんだ。

的の真ん中の黒い丸のことを「図《ず》星《ぼし》」と言う。転じて、急所、あるいは思うつぼをさす。「君の問題点の指摘はまさに図星だ」というように使うよ。

矢を放って的にあたったら、「的《てき》中《ちゅう》」だ。ぴったりとあたること、命中のことだ。

「ヤマ勘で勉強したら、試験問題が的中した」なんて感じかな。

「的中」したらいいけど、外れることもある。それが「的外《まとはず》れ」だ。転じて、本質からずれていることを言う。「彼の意見は的外れだ」というふうに使うよ。

弓を射るときは、手がすべらないように手に唾《つば》をつける。これが「てぐすね」。「てぐすねを引く」は、手に唾をして弓を引くことで、転じて、十分に準備をしてチャンスをうかがうことだ。

「今度こそ勝負に勝とうと、てぐすねを引いて待った」というように使う。

弓は左手に持つので、左手のことを「弓手《ゆんで》」と言う。反対に馬に乗るときは右手で手綱を持つので、右手のことを「馬手《めて》」という。古文ではよく出てくるよ。

お正月やお祝いのときに、的に金色の紙を貼ることがある。これが「金的《きんてき》」。

射的でも、金紙を貼った小さい的があり、それにあたると、豪華な賞品がもらえることがある。そこから「金的を射落とす」は、憧れのものを自分のものにすることを言うようになったんだ。

ミステリーハンターQの 歴男歴女養成講座

ミステリーハンターQ（略してMQ）
米テキサス州出身。某有名エジプト学者の弟子。1980年代より気鋭の考古学者として注目されつつあるが本名はだれも知らない。日本の歴史について探る画期的な著書『歴史を掘る』の発刊準備を進めている。

春日 静
中学1年生。カバンのなかにはつねに、読みかけの歴史小説が入っている根っからの歴女。あこがれは坂本龍馬。特技は年号の暗記のための語呂合わせを作ること。好きな芸能人は福山雅治。

山本 勇
中学3年生。幼稚園のころにテレビの大河ドラマを見て、歴史にはまる。将来は大河ドラマに出たいと思っている。あこがれは織田信長。最近のマイブームは仏像鑑賞。好きな芸能人はみうらじゅん。

日露戦争

今年は、1904年の日露戦争から110年。戦争の歴史から、みんなはなにを感じるだろうか。

勇 2014年は日露戦争開戦から110年なんだね。なんで日本はロシアと戦争をしたの？

MQ ひと言でいうと、満州（現中国東北部）や朝鮮半島をめぐる主導権の争いだね。1900年に北清事変があって、日本もロシアも北京に出兵。その後、ロシアは満州に駐留していた軍隊を1903年には撤退させる約束だったんだけど、撤退せず、逆に軍備を増強したんだ。

勇 なぜ撤退しなかったの？

MQ ロシアは不凍港を求めて伝統的に南下政策をとっていた。朝鮮半島を支配下において、不凍港を確保したかったんだ。

静 日本は阻止しようとしたのね。

MQ 日本はロシアの脅威を感じて、何回か交渉をしたんだが、決裂してしまった。

勇 ロシアは大国で軍隊も強いし、負ける可能性があったんじゃない？

MQ その通り。でも、日本と同じようにロシアの南下を恐れるイギリスと1902年に日英同盟を結んでいたし、アメリカやイギリスはロシアの満州占領に強く抗議をしていて、日本の立場を支持していた。アメリカは日本に経済的支援もしてくれたんだ。

静 それで開戦に踏みきったのね。

MQ 2月に黄海にいたロシア艦隊を奇襲する形で戦争が始まった。翌年1月には満州におけるロシアの根拠地である旅順《りょじゅん》が陥落、旅順港にいたロシア艦隊が全滅、3月には奉天《ほうてん》（現瀋陽《しんよう》）の会戦で、日本軍がロシア軍に勝利、5月にはロシアから回航してきたバルチック艦隊を日本の連合艦隊が全滅させて、勝利が決定的となったんだ。

勇 日本の一方的な勝利だね。

MQ でも、日本も経済的にも軍事的にも疲弊《ひへい》してしまっていて、戦争継続は無理だった。そこでアメリカのセオドア・ルーズベルト大統領の仲介で、アメリカのポーツマスでロシアと講和条約を結んだんだ。ロシアとしても、国内の革命勢力が力を得てきていて、それ以上の戦争継続はできないと判断したんだ。

静 日本は朝鮮半島を確保することになったのね。

MQ 条約では朝鮮半島の指導権、遼東《りょうとう》半島の租借権、南満州鉄道の権利、樺太《からふと》（サハリン）南部の領有などを認めさせた。日露戦争は、アジア人が白人に勝った初の戦争だったので、独立を求めるアジア、アフリカの人々に大きな影響を与えたんだよ。

あたまをよくする健康

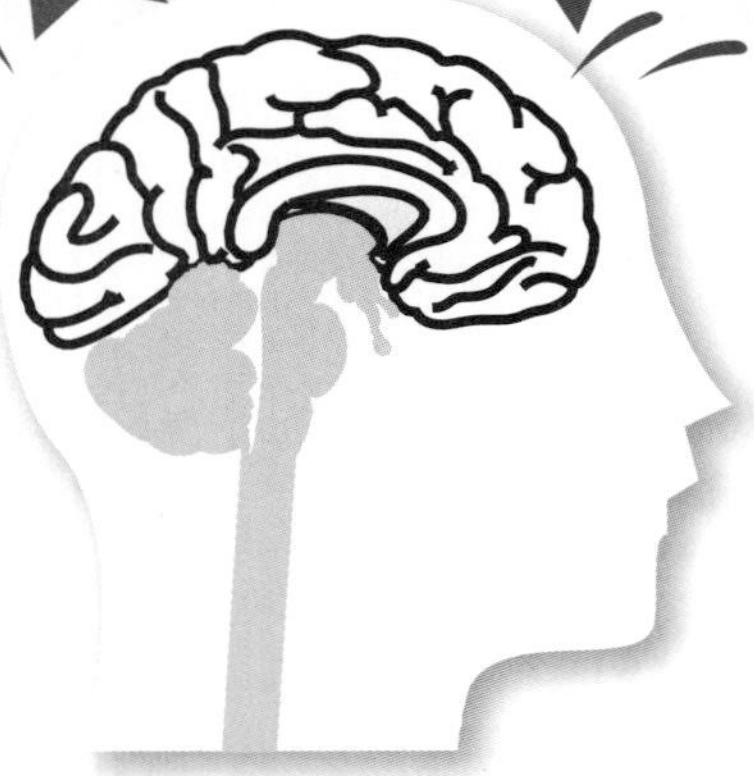

ナースであり
ママであり
いつも元気な
FUMIYOが
みなさんを
元気にします！

by FUMIYO

今月のテーマ

洗髪

ハロー！　Fumiyoです。外がとっても寒くなってきましたね。これだけ寒いと、お風呂に入っても頭を洗いたくない衝動にかられることがありませんか？　今日は汗もかいていないし、こんな寒いときに頭を洗うと風邪を引きそうだし、まあいっか～なんて。

でもよく考えると、帽子をかぶらない限り髪の毛はつねに外気にさらされているから、汚れていないように見えてもホコリをかぶっているんですよね。とくに風が強いときなどは、ホコリが髪の毛のなかまで入り込んで来ることもあります。

さらに、中学生は代謝がいいですから、自分では汗をかいていないと思っていても、じつは汗をかいている可能性が高いです。

ですから、頭皮を清潔な状態に保つために、洗髪は必要不可欠。代謝が激しいみなさんの場合、地肌の皮脂と、髪の毛についているホコリなどの汚れをしっかり落とすことが大切です。しかし、汚れをしっかり落とそうと、ただひたすら爪で頭をガリガリとかいてはいけません。地肌に傷がつきますし、シャンプーや整髪料がしみて地肌が痛くなる原因にもなります。

では、どのように髪を洗えば汚れがしっかり落ち、清潔な頭皮を保てるのか、ポイントをお教えします。

まず、お湯だけで髪を流していきます。多くのホコリと汚れはこれだけで落ちていきます。また、こうして最初にお湯で流しておかないと、シャンプーの泡立ちもよくありません。

お湯で流したあとはシャンプーをします。シャンプーは、使いすぎると髪をすすぐお湯の量が増えて環境にもよくないので、使い過ぎには注意して、適量を使いましょう。

シャンプーをつけたら頭をマッサージするように、頭皮を優しく指の腹で洗います。これで血行もよくなり、気分爽快です。マッサージ感覚でリラックスしながら行えば、勉強の疲れもとれて一石二鳥です。

最後にシャンプーをお湯でしっかりとすすぎ、リンスをしましょう。男の子のなかには「リンスをするのは女の子みたいでイヤだ！」という人もいるかもしれませんが、リンスは髪をサラサラにするだけでなく、静電気も防止してくれるんです。冬は空気が乾燥して静電気を起こしやすいので、リンスをつけるとその予防ができます。ぜひシャンプーとリンスはセットで行ってください。

また、この時期は風邪のウイルスなども空気中にたくさん漂っています。上記のポイントを守って、地肌からしっかり髪を洗うことで、髪についた多くのウィルスを洗い流すことができ、風邪の予防にもつながります。

さてみなさん、正しい洗髪のやり方は覚えましたか？

洗髪だけでなく、以下の３点にも注意して、冬を健康に乗りきってください。

①外出時はできるだけ帽子をかぶりましょう。髪の毛といっしょにホコリやウイルス、花粉を家に連れてくるのを防げます。
②どうしても頭を洗うことができないときは、くしやブラシを通して簡単なホコリだけでもとりましょう。
③洗髪後は、髪の根元から乾かすようにしましょう。根元まできちんと乾かさないと、身体が冷え、風邪を引く原因になってしまいます。

Q1 髪の毛のおもな材質はなんでしょう？

①たんぱく質　②炭水化物　③ミネラル

正解は、①のたんぱく質です。
髪の毛はケラチンというたんぱく質を主成分としています。ちなみに、髪の毛の色はメラニンという色素で決まり、メラニンが多いと黒くなります。

Q2 髪の毛が耐えられる温度は？

①約70℃　②約100℃　③約200℃

正解は、①の約70℃です。
ドライヤーは約60℃ですが、ヘアーアイロンは約180℃ですから、髪を傷める恐れがあります。髪にダメージを与えないよう上手に使いましょう。

Success News

ニュースを入手しろ!!

サクニュー!!

産経新聞編集委員
大野 敏明

▶PHOTO 記者会見で消費税率の引き上げを発表する安倍晋三首相＝10月１日、東京・首相官邸：時事

今月のキーワード

消費税8％

政府は2013年10月の閣議で、現行の５％の消費税を８％にアップし、2014年４月から実施することを決めました。

消費増税については、高齢化社会に備えることや国の借金を減らすことを目的に、2012年８月に、消費税の一部を改正する法律が可決され、同年12月の自民、民主、公明の３党によって増税することが合意されていました。

改正案では２段階で増税することにし、2014年４月に８％に、2015年10月に10％にすることが決められていましたが、政府は第１段階の８％への増税を正式に決定したわけです。

消費税は、ものを買ったりサービスを受けたりするときに、そのものの本来の価格とは別に上乗せされる税金のことです。上乗せ分は国と地方自治体に納められています。

日本の消費税は一般消費税といわれ、ほとんどの物品、サービスに課税されています。

税金には直接税と間接税があり、法人税、所得税、固定資産税、相続税などは、国民が直接、国に納める直接税です。

間接税にはタバコ税、酒税、いわゆる贅沢《ぜいたく》税などがあり、消費税も間接税です。ものを買ったときに、上乗せして払った分は、お店や業者の人が納税者に代わって国や地方自治体に支払うので、間接税といいます。

日本に消費税が導入されたのは1989年４月、竹下登内閣のときです。このときは３％でした。1997年４月、橋本龍太郎内閣は福祉の充実をうたって消費税を５％に引き上げました。

現在の安倍晋三内閣は、法律通り、消費税を上げるかどうかの決断を迫られましたが、アベノミクスによって景気が回復基調にあること、国などの借金が1000兆円を超えたため、借金返済の財源が必要なことなどを考えて、増税を決断したものです。

しかし、専門家のなかには、ようやく景気が回復しつつある時期に増税すると、一気に景気が後退して経済が失速する可能性があるとして、反対したり、増税分を圧縮したり、先送りするべきだといった意見もありました。

今回は８％への増税となりましたが、日本は急速な勢いで高齢化社会に進んでおり、また、人口減少も起きています。

こうしたなかで、増大する医療費や社会保障費を確保するには、消費税の増税だけでは難しくなっています。いずれ政府は税制そのものの見直しを迫られることになるでしょう。

冬の醍醐味、ウィンタースポーツ

飛べないアヒル

1992年/アメリカ/ウォルト・ディズニー・ピクチャーズ/監督:スティーヴン・ヘレク /

「飛べないアヒル」
価格:1500円(税込)
発売元:ウォルト・ディズニー・スタジオ・ジャパン
ⓒ2013Disney.

感動のアイスホッケームービー

アイスホッケーを題材とした子どもから大人まで楽しめるハートウォーミングな青春スポーツ映画です。

敏腕弁護士のゴードンは、飲酒運転の償いとして、500日の社会奉仕を命ぜられます。その内容とは、少年アイスホッケーチームのコーチをすることでした。プライドが高く、負けることが大嫌いなゴードンにとって、弱小アイスホッケーチームのコーチなどまっぴらごめんでした。最初は嫌々始めたのですが、ある試合をきっかけに事態が変わります。勝つためにゴードンが持ちかけた卑《ひ》怯《きょう》な作戦を、キャプテンは無視。ゴードンはこのとき、自分の愚かさに気づかされるのです。

じつは元アイスホッケー選手だったゴードンには、幼いころにコーチから受けた深い心の傷があったのでした…。再びアイスホッケーに目覚めたゴードンは、子どもたちときずなを深めていくなかで、その傷を癒していきます。最後に彼の下した決断は思いがけないものでした。スポーツ大国アメリカのアイスホッケー熱を感じることができる1作です。

銀色のシーズン

2008年/日本/東宝/監督:羽住英一郎/
『銀色のシーズン』DVD、Blu-ray発売中
「スタンダード・エディション」DVD3,990円(税込)、BD4,935円(税込)「プレミアム・エディション」DVD6,825円(税込)
発売元:フジテレビジョン/ROBOT /東宝/電通
販売元:ポニーキャニオン
ⓒ2008 フジテレビジョン/ROBOT/東宝/電通

美しい雪景色が心の傷を癒す

冒頭のシーンでは、3人の男たちが雪山をスキーで滑走。美しい白銀の世界を猛スピードで滑り降りるダイナミックなスキーパフォーマンスに、思わず目が釘づけになります。

主人公はこの3人の男たち、銀と祐治、次郎、そして、この雪山に結婚式をあげに来たという若い女性、七海。それぞれ過去の苦しみや哀しみを癒せずにいる彼らが、お互いに励ましあい、一歩を踏み出していく切なく温かい青春ラブコメディです。

元名モーグル選手だった銀は、過去の大会で大技を試み転倒。重傷を負います。傷は治っても心の傷を癒せぬまま、レースに背を向けてきました。一方、スキーのまったくできない七海は、雪山での結婚式に間に合うように銀に滑り方を教わります。じつは七海にも深い心の傷があったのでした。2人は互いの傷を知ることで、自分を勇気づけていきます。

監督は人気映画「海猿」シリーズを手がけた羽住英一郎。雪山での滑走シーンは新鋭の機材を用いて撮影され、ダイナミックな映像が話題となりました。

クール・ランニング

1993年/アメリカ/ブエナ・ビスタ/監督:ジョン・タートルトーブ/

「クール・ランニング」DVD発売中
1500円(税込)
発売元:ウォルト・ディズニー・スタジオ・ジャパン
ⓒ2013Disney.

ジャマイカ初のボブスレーチーム

1988年にカルガリーで行われた冬季オリンピックに、冬とは無縁の南国のジャマイカチームが出場。この実話を元に、脚本が構成されました。

100m走で夏季オリンピック出場を狙っていたデリースでしたが、一発勝負の国内予選でよもやの転倒。しかしオリンピック出場への夢を捨てきれません。デリースが絞り出した秘策は、ボブスレーで冬季オリンピックに参加することでした。身を隠すようにしてジャマイカに暮らすアメリカ人コーチと、3人の風変わりな仲間とともに、ジャマイカのボブスレーチームは始動したのでした。

レゲエ界のカリスマ、ジミー・クリフや、ダイアナ・キングらの陽気で軽快なサウンドトラックが、彼らのオリンピックへの挑戦と、1人ひとりの成長を爽やかに盛りたてます。

「ゴールすればわかることがある」とコーチに言われてレースに臨んだデリース。ジャマイカ初のボブスレーチームがゴールで見たものはなんだったのでしょうか。美しい音楽と壮大な映像によるクライマックスシーンが感動的です。

短くても内容充実 ショートショートの世界にようこそ

『きまぐれロボット』

小説は一般的に、その長さによって「長編小説」「中編小説」「短編小説」に分けられる。そして、「短編小説」のなかでもさらに短いものを「ショートショート」という。このジャンルにおいて最も有名な日本人作家といえば、星新一だ。

1997年（平成9年）にこの世を去った星の小説集の1つ『きまぐれロボット』。

文庫版でも一編が4ページ程度という短さの小説が、表題の『きまぐれロボット』を含めて全部で36編集められている。

それぞれの話に内容的なつながりはないが、多くの話に共通するのが、どこかの博士や研究好きの人物が、あるものを発明し、それをめぐってさまざまな出来事が起こる、というもの。

例えば、この本のタイトルにもなっている「きまぐれロボット」。

「これがわたしの作った、最も優秀なロボットです。なんでもできます。人間にとって、これ以上のロボットはないといえるでしょう」

と、博士が自慢するロボットをお金持ちのエヌ氏が譲ってもらう。そうして、実際にロボットを動かしてみると、これがとっても優秀で、なんでもしてくれる。ところが…というお話だ。

中学生のみんなにこの本をオススメする理由は2つある。

まず1つ目は、一編ずつが非常に短いということだ。本当にあっという間に読み終えてしまえるので、移動時間やちょっとした空き時間に最適だ。終わり方も話によってさまざまで、クスッと笑ってしまうようなものから、少し考えさせられてしまうものまでバラエティに富んでいる。

2つ目は、この短いなかに「起承転結」が詰まっているため、文章を書くうえでの勉強になるということ。もちろん空想の話なので、内容は参考にはならないけれど、話の書き出し方、どう盛りあげてどう話のオチをつけるのか。人それぞれ参考になる部分があるのではないだろうか。

ぜひ一度手にとってみてほしい1冊だ。

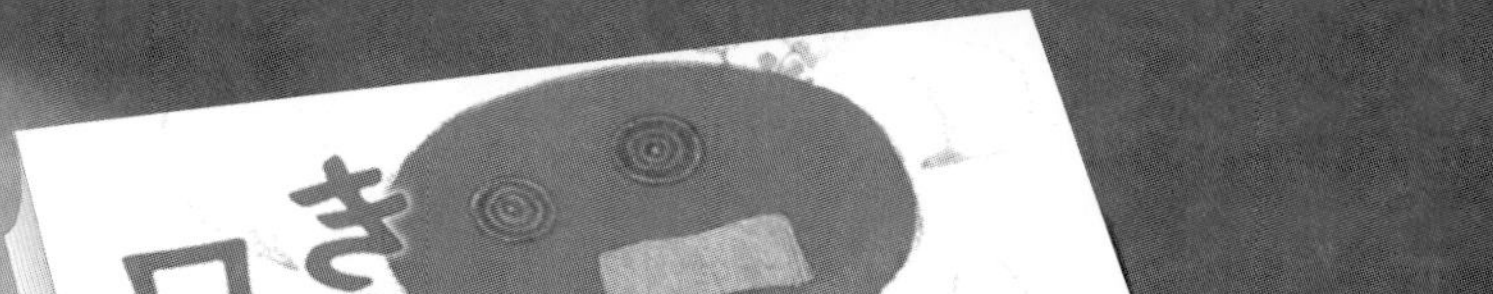

◆『きまぐれロボット』
著／星 新一
刊行／角川文庫
価格／362円＋税

高校受験 ここが知りたいQ&A

Q 塾と学校では学習進度が違うので定期テスト対策がうまくできません。

私は塾に通っているのですが、塾の進度と学校の定期テスト範囲が異なり困っています。学校のテストでもよい点を取りたいのですが、いまだに学校の定期テストにうまく対応できず悩んでいます。どうしたらいいでしょうか。

（武蔵野市・中2・YT）

A 塾の進度の速さを利用して、学校の定期テストを乗りきりましょう。

中間テストや期末テストなどの定期試験は、学校における成績資料として重要な位置づけになるものですので、計画的に勉強をしてよい成績を修めたいですね。

しかし今回の相談のように、塾の進度と学校のテスト範囲が異なり困っている方も多いのではないでしょうか。おそらく塾の方が進度が速く、学校より先に進んでいるはずです。じつはこのような場合の方が、学習は進めやすいといえます。なぜなら、塾ですでに学習していることが学校の定期テストで出題されるので、復習をしながら勉強でき、より理解が深まるからです。

ただ、塾で習った部分を定期テストの範囲として学習するころにはその部分を忘れてしまった、ということもあるかもしれません。そのような事態を防ぐためにも、定期テストに合わせて大体の計画を立て、準備をしておくことが大切です。

多くの人は、定期テストの試験範囲が発表になってから学習計画を立てようとします。そうではなく、範囲が発表される前からテスト範囲を自分で予測して、少しずつでいいので準備をしてはどうでしょうか。あまり綿密な計画を立てるのではなく、大まかな計画にするのがコツかもしれません。余裕をもった計画を立てて定期テストに臨んでみてください。

教えてほしい質問があれば、ぜひ編集部までお送りください。連絡先は80ページをご覧ください。

生徒

なんとなく得した気分になる話

先生

身の回りにある、知っていると
勉強の役に立つかもしれない知識をお届け!!

タクシーのメーターがあがる瞬間は？

この前、タクシーに乗ったら、ちょうど家の前でメーターがあがったんだよ。ちょっと、損した気分だよなあ。

ボクも家族で乗ったときそうだった。うまい具合にあがった。ちょっと損した気分になるのわかるわかる！　でも仕方ないのもわかる…。

今日のキミは偉いなあ〜。そう、こんなこともあった。「ここで止めてください」って言ったら、少し進んでメーターがあがったところで止まった。あれには腹が立った。

それは先生が悪いよ。“車は急には止まれない”って言うでしょ？

そうかあ。ますます今日のキミはまともだなあ（笑）。でもなあ、降りる手前でメーターがあがるのは、どうも…。

降りるところを通り過ぎたら戻ってもらえば？でもお金が減るってことはないしね。確かに納得いかないな。

そう。前に進んでも、うしろに進んでもメーターはあがる。なにかうまい方法はないかなあ。

降りる場所の少し手前で早めに「降ります」と言えば？

そりゃ、わかっているんだけど、気づくと降りる近くなんだ。だから、「アッそこで」となる。

じゃあ、心がけだね。タクシーに乗ったら気を抜かない。

キミの言う通りだ（苦笑）。今日のキミはいつもより大人だなぁ。

あんまりほめられると、きもい。ほかの話ないの？

数学の話でもするか？

いいよ。

いま話していたタクシーなどの料金をグラフにすると変わったグラフになるんだ。X軸を距離、Y軸を料金に設定すると…階段状になる。これを“階段グラフ”と言ったり、“ガウス記号のグラフ”って言うんだ。

ガウス記号???

そもそも、ガウス記号は、[X]で表すんだ。ガウスエックスと読む。この[X]はXを超えない最大の整数といい、簡単に言えば、Xの小数点以下を切り捨てた整数を言うんだ。

なんの意味があるの???

そうだな…。例えば、50円の品物に消費税5%をかけるといくらになる？

50円×105%=52.5円

0.5円って払えるかい？

無理だね。

じゃあ、どうする？

53円払う。

損するぞ！

じゃあ、52円払う。

そうなんだよ。1円未満は切り捨てになっている。便利だろ？
そこで、ガウス記号の登場！　[50円×1.05]=[52.5円]=52円　というように、52.5を52に小数点以下を切り捨てた整数にするわけ。

便利かも…。

今度は、このガウス記号をグラフ化すると、階段状のグラフができる。

もしかして、タクシーのメーターもこのガウス記号のグラフってこと???

そうだ。タクシーメーターの料金は距離で料金が決まるから、ガウス記号のグラフになる。

ということは、タクシーのメーターがあがるタイミングがわかるってこと？

そうかもしれないけれど、最近のタクシーメーターには、あがる目安がわかる機能つきのタクシーもあるから、それを注意して見ていればメーターがあがるタイミングはわかる。

でも、なんで、こんなグラフというか、考え方が出てきたんだろう。

さあ…ガウスが当時に予測した？

ガウスの時代にタクシーなんてないでしょ。あった？　ないよね。それこそ、先生がなんでいつまでもタクシーメーターにこだわっているのかが不思議だよ。

どっちが先生だかわからん！

サクセスランキング
Success Ranking

全国学力・学習状況調査 国語A・国語B ランキング

今回のサクセスランキングでは、全国学力・学習状況調査の都道府県ランキング（公立中学校）を紹介するよ。今回は国語Ａ・Ｂを、次回は数学Ａ・Ｂの結果だ。みんなが住んでいる都道府県は何位に入っているかな。

国語 A

順位	都道府県	平均正答数
1	**秋田県**	**26.2／32**
2	福井県	25.6／32
3	青森県	25.2／32
3	山形県	25.2／32
3	富山県	25.2／32
6	石川県	25.1／32
7	岩手県	25.0／32
7	群馬県	25.0／32
9	宮城県	24.8／32
9	鳥取県	24.8／32
11	福島県	24.7／32
11	茨城県	24.7／32
11	栃木県	24.7／32
11	東京都	24.7／32
11	岐阜県	24.7／32
11	静岡県	24.7／32
11	奈良県	24.7／32
11	島根県	24.7／32
11	山口県	24.7／32
23	埼玉県	24.5／32
30	神奈川県	24.4／32
30	千葉県	24.4／32

国語Ａ 全国平均	24.4／32

国語 B

順位	都道府県	平均正答数
1	**秋田県**	**6.7／9**
2	福井県	6.5／9
3	石川県	6.4／9
4	茨城県	6.3／9
4	富山県	6.3／9
4	岐阜県	6.3／9
7	宮城県	6.2／9
7	群馬県	6.2／9
7	山形県	6.2／9
7	埼玉県	6.2／9
7	東京都	6.2／9
7	神奈川県	6.2／9
7	静岡県	6.2／9
7	鳥取県	6.2／9
7	島根県	6.2／9
7	広島県	6.2／9
17	青森県	6.1／9
17	岩手県	6.1／9
17	栃木県	6.1／9
17	千葉県	6.1／9
17	山梨県	6.1／9
17	京都府	6.1／9
17	奈良県	6.1／9
17	山口県	6.1／9

国語Ｂ 全国平均	6.1／9

受験情報

神奈川

高校入学前に奨学金を支給へ

神奈川県教育委員会は、経済的に困難な高校生に貸しつける奨学金について、高校入学前の３月に、一部を支払えるよう制度を改める作業を進めている。

中学３年在学中に申し込む「予約採用」を使う生徒が利用できる奨学金制度で、これまでは初回の支払いが入学後の５月、その後３カ月分ずつまとめて支払われていた。これを、初回の支払いを３月中にする。進学先が公立の場合、月額1万8000円か2万円、私立は、月額3万円か4万円を選び、卒業後に返済する。

東京

高校進学率6年連続の更新

東京都教育委員会は2012年度公立中学校卒業者（2013年3月卒業）の進路状況調査の結果について公表した。調査対象は都内公立中学校626校（都立中学校を含む）で2013年5月１日現在。

進学者は7万4928人（97.90%）で、前年度7万4359人（97.70%）と比べ569人増加し、高校進学率も0.20ポイント増加した。これは過去最高の数字で6年連続の更新。

高校全日制進学者（高等専門学校等を含む）は6万9041人（90.20%）で、前年度の6万8368人（89.83%）と比べ673人増加した。進学率も0.37ポイント増加した。その内訳は都内公立が4万1933人、同私立が2万3543人、同国立が296人で、都外（他県）への進学者は3269人だった。

Educational Column

森上《もりがみ》 展安《のぶやす》

森上教育研究所所長。1953年、岡山県生まれ。早稲田大学卒業。進学塾経営などを経て、1987年に「森上教育研究所」を設立。「受験」をキーワードに幅広く教育問題をあつかう。近著に『教育時論』（英潮社）や『入りやすくてお得な学校』『中学受験図鑑』（ともにダイヤモンド社）などがある。

15歳の考現学

「人物重視」「個性尊重」へと進む大学入試の変化に対応できる高校選択を考えてみる

大学入試での評価が量的評価から質的評価に

先日、メールでご質問をいただきました。内容は、この時期ですから学校選択に関してなのですが、よくある併願校のご相談ではありませんでした。

その内容は「第1志望は、いわゆる難関校で合格する可能性も高い。しかし、昨今の報道をみると、東大の入試が変わるという。それも人物重視になるというのだから、東大大量合格者輩出の進学校を選べば間違いなし、というこれまでの尺度では通じなくなるのでは…」というもの。「だとすれば、これに代えて人物重視に評価軸を移し、別の学校にするべきか」とお悩みなのだ。

確かに大学入試は変わりそうだ。これまでの教育再生の会議より、ややトーンが高い。なにより近々には選挙がないので、政権が思った施策を強力に実行できそうです。そう考えると、このお父さま（でした）のご心配もよく理解できます。

先日の報道では大学入試センター試験を廃止して、基礎と応用に分け、前者をAO・推薦入試の参考にし、後者を一般入試に活用する。各大学は学力試験にこの応用試験をなるべく利用し、2次試験は人物重視の面接などで選抜する、というもの。今後、中教審でこの教育再生実行会議案を叩き台にするのだ、という。

こうみてくると、ご質問をいただいたお父さまのご心配も現実味が出てきます。実際にそうなるのは5～6年後ということですから、いまの中3生には、関係があるかないかは、微妙です。ですが、大事なことを書き落としました。応用テストは、6段階の評価で1点差では合否がつかないようにする、としていますから、そのぶん、2次試験の人物重視のウエイトが高まります。

ただもし、東大がこの方式を受け入れるとすれば、応用テストも6段階の最高評価を得なければ、となります。その得点は、現在のセンター試験より難しく、東大2次の要求度も一定程度満たすものでならなければならない、というハードルが出てきそうです。

つまり、やはり現状の学力選抜のレベルを落とさず、さらに、改革案のような人物重視でふるいをかける、という段取りになりそうですね。

ただ、1点の勝負ではなく、TOEFLやTOEICではありませんが、何百点台といったような6段階に分けた基準値以上の得点が必要になり、その基準は絶対評価となります。つまり、ほかの受験生より「1点でも多く」ではなく、この示された基準より1点でも多ければよいわけです。

大学入試の変化に合わせ高校の教育も変わるはず

このうち英語についてはTOEFLやTOEIC、IELTS、新英検、G-TECなど民間の絶対評価テストを利用することもありそうだ、ということです。

この英語の例のように、いままでの上から何番という量的評価から学力の質を保証する質的評価に変わるのです。確かにこうなると、学力プラスアルファが必要ですね。

おそらく人物のよさがわかる高校時代のパフォーマンスを示せればプラスに働くことでしょう。

その意味ではなにがなんでも難関トップ校に行くよりも、受験生の個性を伸ばしやすいほかの学校があれば、それも一考の価値があります。

ただし、それは新しい応用テストの6段階の最上位をキープするのが前提ですから、そこはおさえておきたいことです。

それはつまり、例えば英語ひとつとっても絶対評価でそれなりの評価が得られる学習指導をしているのかどうか、といった視点が必要になります。昔の男子進学校によくあった文法・訳読中心の勉強では意味をなさないことは事実です。

しかし他教科は従来通り、と考えてよいものでしょうか？　率直に言ってそうともいえないのでは、と筆者は考えています。

数学などは大きく変わるのではないか、と思うのです。これまでのような難問ではなく、それなりの難しさはあるものの、それは「解法知」を問うのではなく、現実の問題解決のための「方法知」を問うものになるのではないか、と思うのです。

現実の問題に対してどのように数学的手法を用いてアプローチしていくか、という問題です。そこでは正解は幾通りかあって、幾通りかのアプローチの1つであればよい、方法的に間違いがなければよい、というような問題ではないでしょうか。

――このように書くと、では、そのような教育を、いま進学校ではしていないのではないか、という心配をされてしまうかもしれません。

確かにご心配は当然ですが、仮にそのようになればなったで、進学校はまたそういった工夫をすることでしょうから、進学校の優位性にはあまり影響はないでしょう。

やはり1番の大きな注目点は1人ひとりの個性の伸長をどう実現できるのか。そのサポートを学校がどこまでできるか、という点です。

例えば英米のプレップスクール（日本の進学校にあたり多くが全寮制）では、寮制ということもあって、家庭でフォローするようなことも学校がサポートしてくれます。例えば音楽の個人レッスンを頼みたければ、学校が手配してくれたりします。つまり個性尊重はお題目ではなく、機能としてあるのです。

この機能としての個性尊重を学校としてどこまで備えられるか。やがて卒業生のうちから秀でて個性豊かな人物が出たとすれば、それはこの思春期の教育がモノを言ったといってほぼ間違いはないでしょう。

そうした観点から学校を選ぶとしたらどうなりますか。

おそらくこの点についてはわが国の学校はほとんど意識的に機能としてなにかをやっている、ということは少ないように思います。まさにあるのは東大等受験のためのアフタースクール（進学補習）であって、それは個性とは真逆の、1つの型にはまった知育です。

以上が筆者の、冒頭の質問をいただいた方へのひと通りのご返事です。したがって回答としては、いまの難関進学校志望を変える必要はありませんが、近い将来の大学入試システムにおける変更の方向をよく注意して高校入学後に点検していただくとよい、とお答えしました。

点検というのは、高校生活の質についての話で、どのような質を持ったものにすればよいか、という観点を保護者が持つか持たないかで、やはり大きな違いが出ます。

そして高校生になったお子さまが父母とどのように会話ができるかということも、このことの成否を左右するでしょう。

すでにお気づきと思いますが、個性重視となれば、大学の進路情報は大学の教育内容をよく知っていないと一歩も進みません。よく英米の高校生が大学主催のサマースクーリングに行くのは、早くに大学教授の特質を知っておいて進学のモチベーションを形成する、という意味もあります。おもしろい時代になりそうです。

私立 Inside

公立の入試変更2年目を迎え 神奈川私立入試はどう変わる

先月号『公立クローズアップ』のコーナーで、神奈川県公立高校の入試変更点と注意点を掲載しました。では、それを受けて神奈川私立高校の来年度入試状況はどう変わっていくのでしょうか。ここでは神奈川私立入試独特の「適性検査」型入試にも目を向けながら来春の神奈川私立入試を考えてみました。

公立入試の1本化2年目 公立高校は人気回復傾向

２０１４年度入試は、神奈川公立高校の入試機会が1本化されてから2度目の入試となります。

入試改革初年度であった２０１３年度は公立の難度が計れず、安全志向の高まりから私立高校を受ける受験生が増えました。しかし、公立の実倍率は１・１７倍に収束し、２０１２年度の前期２・０６倍・後期１・４０倍に比べ易しくなった印象が残りました。2次募集校も0校から23校と一気に増え、公立の難度は事前の予想を下回る結果となりました。

このことから私立志向は緩まり、公立志向が高まるというのが２０１４年度の傾向となるでしょう。こうして公立の実倍率があがるため、保険として私立の合格校を確保してから公立の入試に臨もうというのが受験生の心情となります。

公立高校入試1日早まり 私立の入試日程も短縮化

さて、２０１４年度は公立高校の入試日程が1日早まります。

２０１３年度の公立高校入試は2月15・18・19日が実施日で、15日に学力検査、土曜・日曜をはさんで、18・19日に面接、加えて各校が必要に応じて特色検査を実施しました。

一方、私立高校の一般入試は2月10日から始まるため、県内の多くの公立高校志望者は2月10日から14日の間に私立高校の合格を確保したうえで公立高校入試に向かいました。このことから14日までに合格発表を行う私立高校が多かったのです。

ところが、２０１４年度は15日が土曜にあたるため、県内公立高校の入試日は1日前倒しとなり、2月14・17・18日に実施されます。

14日には公立高校入試が始まるので、私立高校は13日までに合格発表を行えなければ公立高校併願者は受験してくれません。

受験生が受けやすいよう複数回入試を設定している学校なども、入試翌日に合格発表することを考えれば12日までに学力検査と面接を終わらせる必要があります。私立高校は全体に入試日程を早めることとなり、ほぼ全校が13日までに合格発表。14日以降に合格発表をする学校は**慶応**

義塾、**函嶺白百合**などわずかとなっています。入試の開始は10日からと変わっていませんから、私立高校は互いに日程が混みあうこととなり受験生の私立併願対策も、その組み合わせが慎重になっています。

日程短縮の影響受けて 書類選考型入試が増加

そんな事情から２０１４年度入試で増えるのが「書類選考」型の入試です。

他都県ではあまり見られない「書類選考」ですが、その特徴は入試当日、その高校に出向かずとも、書類だけで合否が決まることです。

受験生にとっては、その学校の入試会場に行く必要がないのですから、その日、他校を受験することもできます。２０１４年度入試のように日程が混みあう入試ではとても便利な制度といってよいでしょう。

高校側にとっても、合否判定を急ぐことなく書類が届いた時点から選考でき、志望者を確保できることが利点です。「書類選考」の基準は調査書に基づきますので、入試問題を作成せずに入試を行え、教員の負担を軽減できることも学校にとってはプラス面となっています。

東京都立の自校作成問題校で大学入試問題を流用していたことが発覚して問題化しましたが、やはり、入試問題の作成は教員のなかでは大きな負担なのです。

学校間の共通問題を作ることができる公立高校よりも、各校が独自に入試問題を作成しなければならない私立高校はさらに負担が重く、しかも複数回入試を実施する学校はその数だけ入試問題を作らなければならないのです。

「書類選考」入試は 推薦と一般の側面を持つ

神奈川の私立高校では、「推薦入試」と「一般入試」の2種類に分けて入試を行う学校がほとんどです。

「推薦」ではその高校を第1志望としている受験生が対象で、調査書を元にして高校側が定めた基準を満たしていれば合格となります。推薦入試当日は面接試験を実施することで生徒を確認します。

一部の高校では「適性検査」という名称の学力試験を実施、このような学校では推薦の基準を満たしていても、不合格になることもあります。

「一般」では学力検査があり、加えて調査書、面接などを行って合否を決めます。公立高校との併願が可能で、受験生が公立が不合格だった場合の併願校として選ぶことが多いのが、この「一般」入試です。

ですから、公立高校の合格発表まで入学手続きを待ってくれる入試となります。

いま注目される「書類選考」は、高校の定めた基準を満たせば合格が決まる点では「推薦」に似ていて、公立高校との併願が可能な点では「一般」と同じタイプです。

しかし、前述のとおり「推薦」も「一般」もその高校に入試当日に出向かなければならないのに対し、「書類選考」では試験日当日、その学校に行く必要はありません。

提出する書類は、調査書、志願票、作文ということが多く、作文は参考程度、中学校でのことや高校生活でやりたいことなど自己アピール型です。

最も重要な合否判断材料は調査書の中身です。

併願可能な書類選考は 鎌倉学園が先鞭つける

神奈川県の私立高校で「書類選考」入試を始めたのは、**法政二**と**法政女子**の2校で、第1志望の受験生のみが対象でした。ですから、この2校は推薦入試と変わりがありません。

他校との併願が可能な「書類選考」は２００９年度入試から男子校の**鎌倉学園**が導入して、まず男子校から波及していきました。

もともと神奈川の私立高校入試では調査書の比重が高いため、出願する段階で淘汰が済んでおり、一般入試でもほぼ全員が合格する学校も多いという傾向があります。各校とも一般入試での実倍率は1倍を越える程度で、高倍率校は敬遠されてしまいます。そのような背景もあって、「書類選考」は毎年広がりを見せてきました。

とくに来春は、前項で述べた入試日程の短縮から、さらに「書類選考」は増えて、男子校の**鎌倉学園**、**藤嶺学園藤沢**、**武相**、**藤沢翔陵**、**横浜**、女子校の**北鎌倉女子学園**、**聖和学院**、共学校の**アレセイア湘南**、**関東学院**、**湘南工科大附属**、**鶴見大附属**、**横須賀学院**、**横浜商科大学高**などで実施されます。先に述べた**法政女子**、**法政二**でも「書類選考（第1志望）」が実施されます。

神奈川では２０１５年度入試以降も「書類選考」入試は増えていくと思われます。

2014年の千葉・埼玉公立高校入試の変更点と注意点

２０１４年度入試では、新制度変更4年目にあたる千葉、3年目の埼玉とも制度上の大きな変化はない。中学卒業者数変動に応じた募集数変更校や新コース設置校があるものの、前年までの受験生動向を参考にすれば、ある程度予測を立てやすい状況が続く。

安田教育研究所　代表　安田 理

千葉　公立高校

独自問題は3校から千葉東の1校に

２０１３年度の前期選抜では3校が学校独自問題を実施。**千葉東**が「応用」中心、**君津**が「総合」中心、**市立稲毛**が「基礎」中心の問題を使用した。２０１４年度入試から**君津**と**市立稲毛**が学校独自問題をとりやめ、**千葉東**だけが学校独自問題を実施することになる。これにより、「総合」と「基礎」の2タイプの学校独自問題も姿を消すことになる。

現行制度に変更されるまで、「特色化選抜」という名称で行われていた前期選抜では、難関上位校を中心に多くの高校で学校独自問題を導入していた。しかし、新制度では前期・後期とも学力検査を実施することになり、学校独自問題実施校は急減した。「応用」中心の学校独自問題を唯一継続している**千葉東**では、初年度に敬遠傾向が見られたものの、敢えてチャレンジした受検生の質が高かった可能性もあり、来春卒業する現行制度一期生の進路実績が注目されるところだ。その結果次第では今後の学校独自問題実施校に変化が生じるかもしれない。

２０１４年度入試で変更点がある全日制高校は１２８校中12校と１割弱しかなく、大きな変化は見られない。

学科の変更では**佐倉**が理数科を新設する。理数科では**県立船橋**が例年高い人気で、倍率も高い。**市立千葉**、**県立柏**、**佐原**、**匝瑳**、**成東**、**長生**、**市立銚子**にも理数科があり、高校や年度によって違いは見られるものの、全体的に理数科の人気は高い。

千葉ではどの学区からも受検が可能な公立高校もあるが、9学区に分かれていて、ほとんどの学校は、居住している学区と隣接学区しか受検はできない。**佐倉**は4学区のトップ校だが、理数科で1クラス募集を開始するぶん、普通科を1クラス募集削減することで、両学科とも応募者を増やすことになるのか注目される。

なお、**東葛飾**の医歯薬コース、**長狭**の医療・福祉コース、**千葉女子**と**安房**の教員基礎コースも新設される予定だが、入学後の選択となるため、入試や募集の変更にはいたっていない。募集形態に変わりはないが、新コースの設置で応募者が増える可能性もある。

県立船橋、八千代が募集増 東葛飾は募集減

2014年度入試では中学卒業予定者数が773人増え5万5633人になるため、公立高校では520人13クラス分の募集数を増やす。

東京に近く交通の便もよいためベッドタウン化し中学卒業予定者数が増加している1～3学区は臨時募集校も多く、人口減少地域の5～7、9学区では募集数を削減している。

募集増校のなかでも最も注目されるのは**県立船橋**だろう。7クラスから8クラスに募集数を増やすが、理数科1クラスもあるため実質的には9クラス募集となる。

県立船橋は公立御三家の1つであるうえ、2013年度入試では**県立千葉**や**東葛飾**、**千葉東**、**薬園台**などの人気校を上回り、前期は普通科3・92倍、理数科3・58倍と実倍率が高かった。実倍率が高いと翌年は反動で応募者・受検者とも減らすケースが少なくない。このタイミングでの募集増は**県立船橋**の敬遠傾向を止める可能性がある。

もし、募集数の増加ぶんを上回る受検生を集めれば、募集数を増やしたにもかかわらず、実倍率が上昇することも考えられる。また、それぐらい**県立船橋**に受検生が集中すれば、近隣の上位校や2番手校の倍率緩和に結びつくこともあるだろう。

同じ学区の**八千代**も募集数を増やすため，**薬園台**、**小金**など人気校の多い学区内で受検生が分散すれば、各校の倍率緩和が期待できるかもしれない。

一方、9クラスから8クラスへ募集を削減するのが**東葛飾**。2012年に1クラス増やした定員を翌年も維持していたが、3年ぶりに元に戻すことになる。入学後の選択になる医歯薬コースの新設が人気を呼べば、募集数の削減による受検生の敬遠を補うかもしれない。

東葛飾と同様2012年に1クラス募集を増やした**千葉東**は3年連続

千葉　公立高校

●学区ごとのおもな地域や学区内の路線、該当する高校の一部

第１学区	千葉市
	総武線、京葉線、内房線、外房線、京成線、千葉都市モノレールほか
	県立千葉、千葉東、幕張総合、市立千葉、市立稲毛など
第２学区	船橋市、市川市、習志野市、松戸市、八千代市、浦安市
	総武線、京葉線、武蔵野線、常磐線、京成線、新京成線、東葉高速線、東西線、北総線ほか
	県立船橋、薬園台、船橋東、八千代、小金、国府台など
第３学区	鎌ケ谷市、流山市、我孫子市、野田市、柏市
	常磐線、成田線、東武野田線、新京成線、つくばエクスプレス、北総線ほか
	東葛飾、県立柏、鎌ヶ谷、柏南など
第４学区	四街道市、成田市、八街市、佐倉市、印西市など
	総武本線、成田線、北総線、京成線ほか
	佐倉、成田国際など
第５学区	銚子市、匝瑳市、旭市、香取市など
	総武本線、成田線、銚子電鉄ほか
	佐原、匝瑳、市立銚子など
第６学区	東金市、山武市、九十九里町
	総武本線、東金線、外房線
	成東、東金など
第７学区	茂原市、勝浦市、いすみ市など
	外房線、いすみ鉄道
	長生、大多喜など
第８学区	鴨川市、館山市、南房総市など
	内房線、外房線
	安房など
第９学区	木更津市、市原市、君津市、富津市、袖ヶ浦市
	内房線、小湊鉄道、久留里線
	木更津、君津など

●募集を増やす高校

第１学区	千葉北、若松、柏井、千葉商業（商業）
第２学区	県立船橋、八千代、船橋啓明、船橋芝山、松戸国際、松戸向陽、松戸馬橋（２年前にも１クラス増）、市川工業（電気）
第３学区	鎌ヶ谷西、沼南高柳、流山、流山おおたかの森、野田南（２年前にも１クラス増）、野田中央、我孫子東
第４学区	白井

（カッコ内表記以外はすべて普通科、以下同様）

●募集を減らす高校

第３学区	東葛飾（２年前１クラス増を維持）
第４学区	成田北（２年前１クラス増を維持）、佐倉（普通科１クラス減、理数科新設）
第５学区	銚子
第６学区	成東
第７学区	大原（前年１クラス増）
第９学区	市原、京葉

●前年に募集を増やしたまま、定員を減らさない高校

第１学区	千葉工業（電気）
第２学区	八千代西、実籾、市川東
第３学区	柏陵、柏の葉、流山北

●２年前に募集を増やしたまま、定員を継続している高校

第１学区	千葉東、千葉西、土気、京葉工業（電子工業）
第２学区	松戸六実、八千代東、市川南、浦安、船橋古和釜、船橋法典
第３学区	流山南
第４学区	四街道

で定員を維持している。

私立併願校の合格を早めに確保
そのうえで後期対策も十分に

２０１３年度入試では前期の平均実倍率が1・84倍、後期が1・43倍だった。制度変更3年目で、前期は横ばい、後期は2年連続で上昇している。千葉では中学卒業者数増に対応し、公立だけでなく私立でも募集定員の臨時増があるため、２０１４年度入試での実倍率が大きく上昇するとは考えにくい。それでも、入試機会が一本化された埼玉や神奈川が1・20倍未満であるのに比べると、前期・後期とも高い倍率であることに変わりはない。

まず、確実な私立併願校の合格を早めに確保してから公立入試の前期に臨むのが鉄則だろう。県内私立を併願する場合には定員の占める割合がますます高くなっている前期日程で合格を確保しておきたい。

また、過去3年の結果を見てもわかるように、募集数が減り倍率は前年より上昇しても、後期の方が前期より倍率は低い。あきらめずにチャレンジする姿勢が大事だ。後期の学力検査では試験時間が各科40分しかなく（前期は各科50分）、問題数は少ないものの「思考力・判断力・表現力」を問う出題の占める割合は変わっていない。記述問題はすぐに答えられるものではないので時間配分にも注意したい。

埼玉　公立高校

募集数は削減
上位校減員の影響に注意

入試一本化から3年目を迎える埼玉の公立高校入試は、千葉と同様、とくに大きな変更はない。

２０１３年度入試で募集数を増やした難関上位校が２０１４年度は募集数を元に戻すため、上位層の動向に変化がありそうだ。

公立高校の募集数だが、中学卒業予定者が予測で１８５人減るのに対し、１６０人削減される。

中学卒業予定者数に対する公立高校の募集数の占める割合は60・8％と変わっていない。10月の進路希望調査では公立希望が減少、県内私立希望が増加しているため、平均実倍率は前年並みか若干緩和するかもしれない。

募集を1クラス減らすのは13校あるが、そのうち10校が２０１３年度の臨時増員校で定員数を元に戻すことになる。２０１３年度の増員校には県内トップの**県立浦和**と**浦和一女**があり、両校とも1クラス減るため、上位層への影響は避けられない。

とくに**県立浦和**は２０１３年度入試で増員を上回る受検生を集め、２０１２年度の実倍率1・26倍から1・50倍に上昇していただけに、２０１４年度は大きく受検生を減らす可能性が高い。そのぶん、**県立川越**や**大宮**、**市立浦和**、**蕨**などの応募者が増えることが考えられる。

浦和一女は２０１３年度入試では募集増によって実倍率は1・36倍から1・26倍に緩和したが、募集減によって敬遠傾向が働けば、実倍率はあまり上昇しないこともありえる。両校とも難度はトップレベルであるため倍率が多少上下しても難関校であることに変わりはない。

県立浦和ほどではないが、**所沢北**も２０１３年度入試では増員数以上の受検生を集め、1・30倍から1・44倍に実倍率が上昇。２０１４年度は減員するため、反動で受検生の減少は確実。が、人気校であるため、大幅なダウンは期待できず、難度も下がるとは考えにくい。

一方、中学卒業者数が増加する地域もあるため、募集増校も9校ある。

増員によって最も受検生を増やす可能性が高いのは**春日部**。安定した人気の進学校だけに増員で緩和するとは限らない。注意が必要だ。

ここ2年連続で５００人以上が受験し、２０１３年度入試では実倍率を1・39倍から1・47倍に上げた**浦和西**の増員も受検生にとっては朗報だろう。倍率上昇の反動で敬遠される可能性の高い２０１４年度での増員は受検生離れを抑えることになるかもしれない。

市立大宮北が理数科を新設。これまでの普通科３２０人募集から普通科２８０人、理数科40人募集に変わる。

埼玉では理数科が**大宮**、**熊谷西**、**越谷北**、**松山**の4校に設けられているが、いずれも人気が高い。**市立大宮北**の理数科も受検生を集める可能性が高い。人気校だけに、1クラス募集数を減らす普通科も前年並みの受検生を集めれば、倍率上昇は確実だ。

上位校は難度上昇の可能性も
併願校の確保は鉄則

入試日程が一本化されてから2年目の２０１３年度入試は、初年度に比べ実倍率が上昇した。前期・後期の入試時と比べれば緩和したことから、1年目に受検生の多くが抱えていた不安感は2年目である程度払拭されたのだろう。

3年目の2014年度で1年おきに上下する隔年現象が起きれば、全体の平均実倍率は少し下がることになるが、そう大きくは変わらないと考えられる。

しかし、2年前の**県立川越**、**川越女子**、2013年度の**県立浦和**、**浦和一女**に比べ、2014年度は募集を増やす難関校が**春日部**1校だけというのは少々心もとない。

春日部は男子校であるため、女子が選べる難易度の高い募集増校は**浦和西**まで下がってしまう。上位層の選択肢は限られてしまった印象だ。そのぶん、難度の高い上位校では例年以上に注意が必要。

とくに女子は**所沢北**の減員もあり、男子より厳しさが増すだろう。

一般的に女子の方が安全志向が強いため、さほど影響はないかもしれないが、女子の上位層は、確実に合格を狙おうとすればするほど、例年以上に志望校選択で悩むことになるかもしれない。

1月にほぼ大勢の決まる県内私立入試で併願校の合格を確保しておくことがまず重要。公立入試が3月のため、県内私立入試との空白期間がおよそ40日もあるが、この期間の過ごし方も大事だ。

公開模試などは年明けには実施されないため、2月入試の都内私立も視野に入れた併願作戦を立てておくべきだろう。

埼玉　公立高校　募集数変動校（カッコ内は2013年の実倍率）

募集数減少校

400人→360人	県立浦和（1.50倍）、浦和一女（1.26倍）、所沢北（1.44倍）
360人→320人	越ケ谷（1.31倍）、浦和北（1.18倍）、所沢西（1.12倍）、朝霞（1.12倍）、浦和東（1.10倍）、坂戸西（1.09倍）
320人→280人	志木（1.14倍）
280人→240人	市立川口総合（総合）（1.24倍）
240人→200人	和光（1.04倍）
80人→40人	市立川口（国際ビジネス）（1.00倍）

募集数増加校

360人→400人	春日部（1.39倍）、浦和西（1.47倍）
320人→360人	越谷南（1.21倍）、草加（1.23倍）、大宮南（1.36倍）、市立川口（1.27倍）、入間向陽（1.20倍）
280人→320人	滑川総合（総合）（1.09倍）
240人→280人	狭山清陵（1.12倍）

募集増加維持校

360人	朝霞西（1.25倍）
320人	草加東（1.11倍）、川口東（1.08倍）
240人	富士見（1.05倍）
200人	大宮光陵（1.08倍）
80人	八潮南（1.18倍）

Basic Lecture

高校入試の基礎知識

いよいよ近づく入試に向けて 入学願書はこう書こう まずはじっくり落ち着いて

3年生は、いよいよ受験です。この1月号では毎年、提出を間近に控えた「入学願書」の書き方をレクチャーしています。まずは落ち着いて記入し、安心のためにも提出前に再度チェックしましょう。「入学願書」は各都県、公立、私立の違いによって書類名称も違います。それぞれの実情に合わせて読んでください。

高校の入学願書は受験生本人が書く

高校受験の「入学願書」は、基本的に受験生本人が書きます。ただ、保護者氏名の署名欄などは保護者が記してもかまいません。

「受験生本人自署のこと」「受験生本人が記入すること」などの注意書きがある願書は、必ず本人がすべてを記入します。

そのほかの書類のうち、「健康調査書」など保護者が記入すべきものもあります。

願書記入欄のうち、「志望動機」や「本校を志望した理由」などは必ず本人が書きましょう。面接がある学校では、面接官が願書を見ながら質問をします。自分で記入しておかないと、書いておいたことと面接での答えがちぐはぐになってしまうことがあります。面接がない学校の場合は、この「志望動機欄」が唯一の意思表示の場です。「この学校に入りたいのです」という気持ちを願書でしっかり伝えましょう。

記入したあとの見直しではまず捺印欄をチェック

書き終わった入学願書を見直すときには、まず、捺印の漏れがないかをチェックします。このミスが最も多いからです。

また、記入欄のずれがないかも確認します。小学校の卒業年度、中学校の卒業見込み年度などの数字も間違いやすいポイントです。学校によって元号で記す場合と西暦で記入する場合があります。中学校の卒業見込みは、今年の場合は「平成26年(2014年)3月31日卒業見込み」となります。

ふりがなについては、「ふりがな」とあるときはひらがなで、「フリガナ」とあるときにはカタカナで記入するのが常識ですが、これを間違えたからといって願書が受け付けられなかった、ということはありません。

私立高校の場合は、複数の試験日程のうち、自分が受験する日に○印をする場合がほとんどです。受験日が間違っていないか確認します。

「緊急連絡先」の欄は、受験時のトラブル対処のためもありますが、合格発表時に補欠であった場合の「繰り上げ連絡」にも使われますので、すぐに連絡が取れる電話番号を書き込みましょう。携帯電話の場合は、受験生本人ではなく保護者の携帯番号の方が無難です。この場合、続柄として父、母、また、持ち主の氏名を書いておきましょう。

最近は複写式の願書や提出書類もあります。必要なページにきちんと複写されているかも確認します。厚紙をはさむ場所を間違えて書き込んだはずの文字が写っていなかったり、ページが折れていて、複写に失敗していたりするケースもあります。

最後に、入試要項や「入学願書記入上の注意」を読み直して再確認します。

写真の貼り方などに細かい注意事項がある学校もあります。

顔写真については、眼鏡、髪型など受験時に近いスタイルで撮影します。本人であることがわかり、明るくピントが合っていれば、わざわざ写真館で撮らなくともデジタルカメラなどで撮影しプリントしたものでもかまいません。

写真ははがれてしまうことも考えられますので、写真の裏には本人の氏名を書いておきましょう。その際写真を汚してしまったり、文字が消えることのないようにのりがついてもにじまないペンを選びましょう。

中学校の先生に書いていただく書類もある

「入学志願者調査書」や「校長推薦書」は、通学している中学校の担任の先生に手渡して記入してもらいます。「調査書」はそれを封入する封筒がついていますので、いっしょに渡します。「調査書」は極秘書類です。絶対に開封しないようにします。もし、なんらかの理由で「調査書」を提出しない場合は中学校に返還すべきものです。

もし、記入ミスが見つかった場合はどうするかというと、最もよいのは、もう1通願書を用意しておいて、ミスした1枚全部を書き直すことです。それが難しければ、間違えたところを線2本で消し、そのうえに正しい記述をしたあと印鑑を押します。訂正印（訂正用の小さな印鑑）があればそちらを使う方がよいでしょう。注意書きに訂正する場合について示してあるときはそれに従います。

願書提出時も要注意 念のため印鑑も持っていく

入学願書提出には窓口持参と郵送とがあります。一度に複数校の願書を記入した場合、他校の封筒に混同して封入することがありますので、1校ずつ、記入→封入までを行うようにします。窓口持参の場合も、同じ日に複数校をまわる場合、他校の書類を窓口に出してしまう失礼のないようにしましょう。

窓口持参の場合の「ワンポイントアドバイス」として、願書記入時と同じペンと、捺印で使用した印鑑を携帯しておくことをおすすめします。受付係の方に記入漏れの指摘を受けた場合に、その場で修正できるからです。捺印漏れも意外に多い落とし穴ですので印鑑も持って行きましょう。

窓口持参の場合は、土日に受付があるか、また、受付時間帯も調べておきましょう。とくに最終日は要チェックです。郵送の場合には、締切ぎりぎりの投函は避けましょう。

提出する封筒には予め「○○高等学校入学願書受付係　行」などと印刷してあります。この「行」は2本の斜め線で消して「御中」に直しましょう。「学校長殿」となっている場合はそのままにします。

このようにして願書を提出したあとに、受験票が返送されてきます。ですから、返信用封筒の自宅の住所は地番、部屋番号まで丁寧に記入しておきます。

また、返送されてくる受験票に印刷してある、自分の名前を書く欄には「様」があらかじめ印刷されている場合があります。この「様」を消すかどうかという質問を受けることがありますが、この「様」はそのままでかまいません。もし、消したとしても学校側は再度「様」を書き足し、返送してきます。

返送されてきた受験票は、透明ファイルなどで学校別に分けて保管します。入試当日に他校の受験票を持っていってしまった、などというアクシデントが起きないように注意しましょう。

11月号の答えと解説

問題

歴史スケルトンパズル

鎌倉時代から江戸時代に活躍した人物をリストに集めました。これらの人物名をひらがなでマス目に→、↓の方向にうまく当てはめてください。最後にA～Hに入る文字を順につなぐと現れる人物に、最も関係の深いものは、次のア～ウのうちどれでしょう？

ア　関東管領　　**イ**　執権　　**ウ**　大老

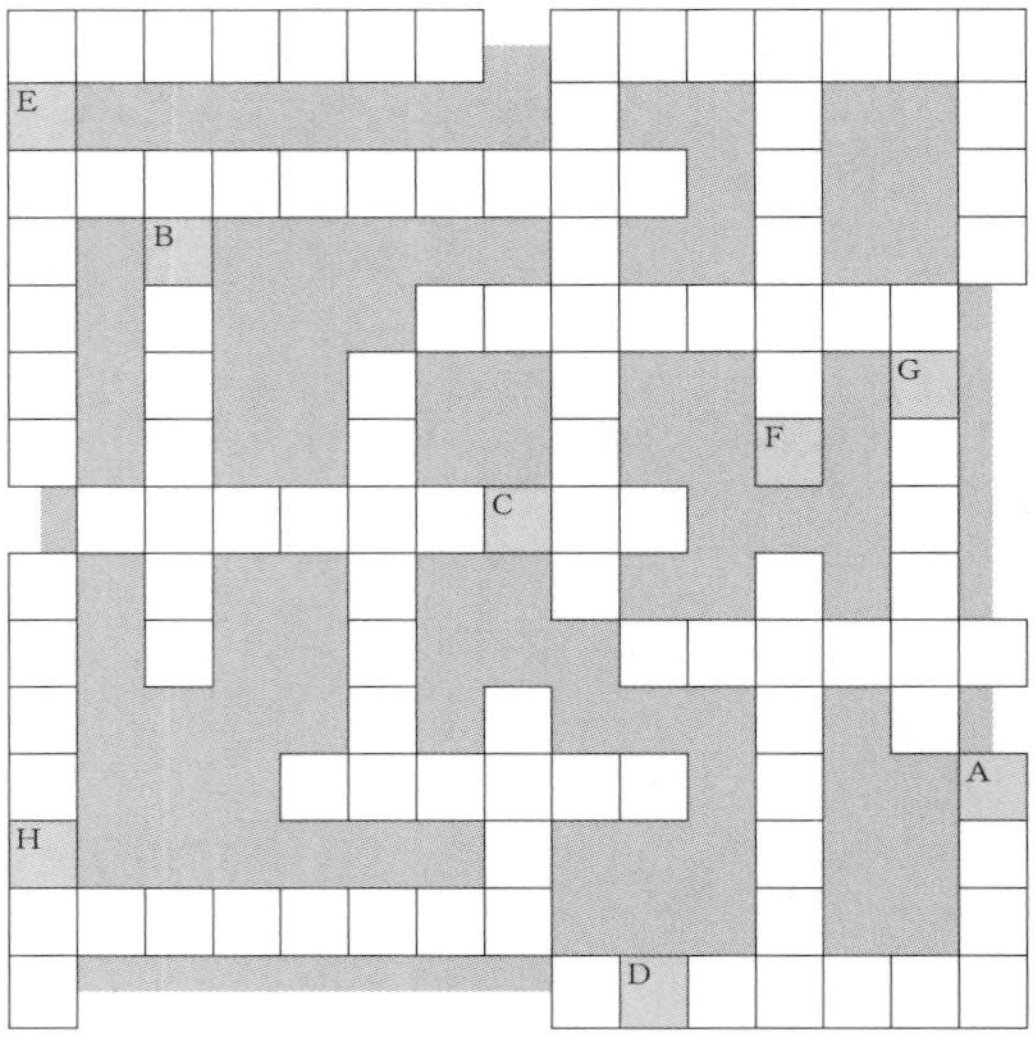

【人物リスト】

〔4文字〕	〔6文字〕	〔7文字〕			〔8文字〕	〔9文字〕	〔10文字〕
運慶	織田信長	青木昆陽	石田三成	狩野探幽	高野長英	北条泰時	近松
一遍	土佐光起	明智光秀	荻生徂徠	高山右近	前野良沢	源頼朝	門左衛門
日蓮		新井白石	加藤清正	水野忠邦	吉田松陰		

解答　ア（人物名は上杉謙信）

解説

パズルを完成させると右のようになります。

＊上杉謙信（1530－1578）

戦国時代の越後（新潟県）の武将、戦国大名の雄。近世上杉家米沢藩の祖。越後守護代であった長尾為景《ためかげ》の末子として誕生。幼名は虎千代。元服し長尾景虎《かげとら》と名乗り、病弱だった兄に代わって家督を継ぎ越後を統一した。関東管領上杉憲政《のりまさ》、信濃の村上義清《よしきよ》らに救援を求められて、北条氏康、武田信玄と戦う。なかでも、武田と5回にわたり戦った川中島の合戦は有名。1561年上杉氏の名跡と関東管領を譲られ、政虎《まさとら》と改名。のち、輝虎《てるとら》と改め、剃《てい》髪《はつ》して不識庵《ふしきあん》謙信と号した。1573年に越中を平定し、織田信長との決戦を目前に49歳で病没した。

＊関東管領《かんとうかんりょう》

室町幕府の職名。鎌倉公方《くぼう》の補佐役で、上杉憲顕《のりあき》が任ぜられて以後、その子孫が世襲した。

＊執権《しっけん》

鎌倉幕府の職名。幕政を統轄《とうかつ》した最高の職。第３代将軍源実朝のとき北条時政が就任し、以後、北条氏が世襲した。

＊大老《たいろう》

江戸幕府の職名。必要に応じて老中《ろうじゅう》の上に置かれ、政務を総轄した最高の職。

中学生のための学習パズル

今月号の問題

サイコロパズル

　下図のように、３つのサイコロを、１段目と２段目、２段目と３段目の接する面の数の和がそれぞれ８になるようにして積みあげました。このとき、Bの面の数はいくつでしょうか？

　ただし、サイコロは３つとも目の配置が同じもので、向かい合った面の和は７になっています。

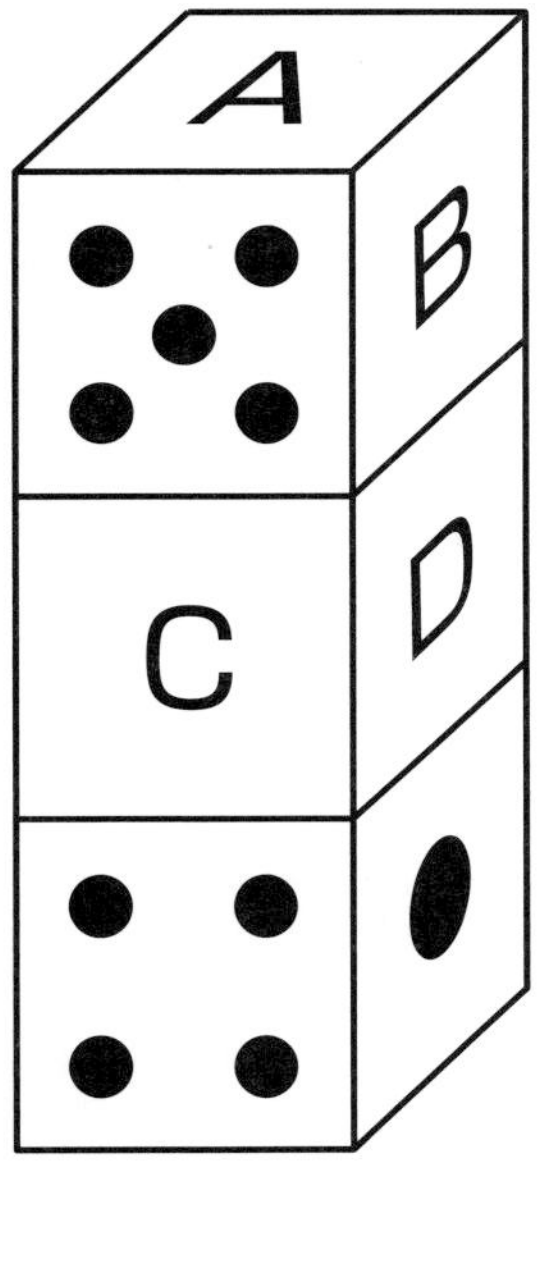

11月号学習パズル当選者

全正解者33名

★寺西　基さん　（千葉県船橋市・中３）
★藤井　皓己さん（東京都葛飾区・中２）
★有野　実里さん（東京都江戸川区・中２）

応募方法

●必須記入事項

01　クイズの答え
02　住所
03　氏名（フリガナ）
04　学年
05　年齢
06　右のアンケート解答
「大浮世絵展」、「モネ展」、「人間国宝展」（詳細は73ページ）の招待券をご希望の方は、「○○展招待券希望」と明記してください。

◎すべての項目にお答えのうえ、ご応募ください。
◎ハガキ・ＦＡＸ・e-mailのいずれかでご応募ください。
◎正解者のなかから抽選で３名の方に図書カードをプレゼントいたします。
◎当選者の発表は本誌2014年3月号誌上の予定です。

●下記のアンケートにお答えください。

A今月号でおもしろかった記事とその理由
B今後、特集してほしい企画
C今後、取り上げてほしい高校など
Dその他、本誌をお読みになっての感想

◆2014年1月15日（当日消印有効）

◆あて先

〒101-0047　東京都千代田区内神田2-4-2
グローバル教育出版　サクセス編集室
FAX：03-5939-6014
e-mail:success15@g-ap.com

挑戦!!

明《めい》治《じ》学《がく》院《いん》東《ひがし》村《むら》山《やま》高等学校

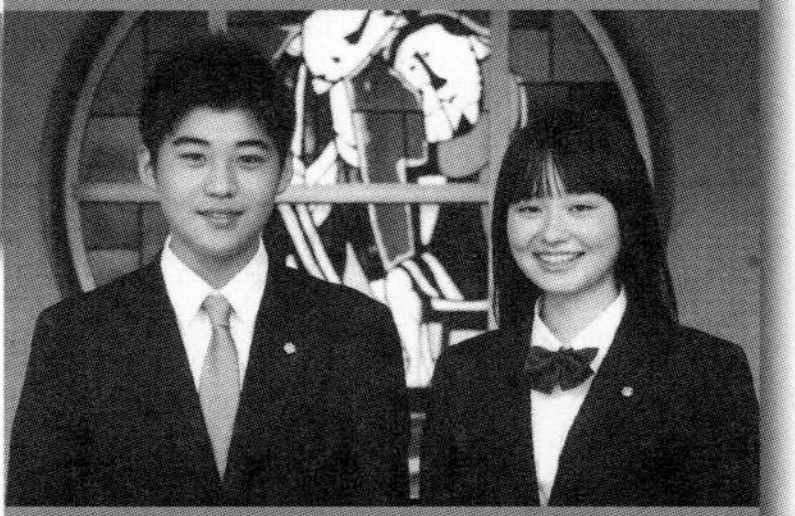

問題

アとイの英文がほぼ同じ意味を表すように（　）内に入る適切な語を１語ずつ書きなさい。

(1) ア　I think you have a cold. You (　　　) see a doctor.
　　イ　I think you have a cold. You (　　　) better see a doctor.

(2) ア　The doctor advised him (　　　) (　　　) smoke.
　　イ　He stopped (　　　) according to the doctor's advice.

(3) ア　Yuri went to school (　　　) bus before, but now she takes a train.
　　イ　Yuri (　　　) (　　　) take a bus when she went to school.

(4) ア　We couldn't go on a picnic (　　　) of the heavy rain.
　　イ　The heavy rain kept (　　　) from (　　　) on a picnic.

(5) ア　He is (　　　) wise (　　　) he can choose the best way.
　　イ　He is wise (　　　) to choose the best way.

解答　(1) ア：must／should　イ：had　(2) ア：not to　イ：smoking　(3) ア：by　イ：used to
(4) ア：because　イ：us, going　(5) ア：so, that　イ：enough

東京都東村山市富士見町1-12-3
西武拝島線・西武国分寺線「小川駅」徒歩8分
TEL　042-391-2142
URL　http://www.meijigakuin-higashi.ed.jp/

学校説明会

1月11日（土）14:00～16:00
出題教科よりコメントあり

入試日程

推薦入試　1月22日（水）
一般入試　2月12日（水）

帝《てい》 京《きょう》 高 等 学 校

問題

下の図のように半径３cm、１cmの２つの円が接しています。次の問いに答えなさい。ただし、O_1, O_2は、それぞれの円の中心です。

(1) AO_1の長さを求めなさい。

(2) O_1O_2の長さを求めなさい。

(3) $\triangle ABO_2$の面積を求めなさい。

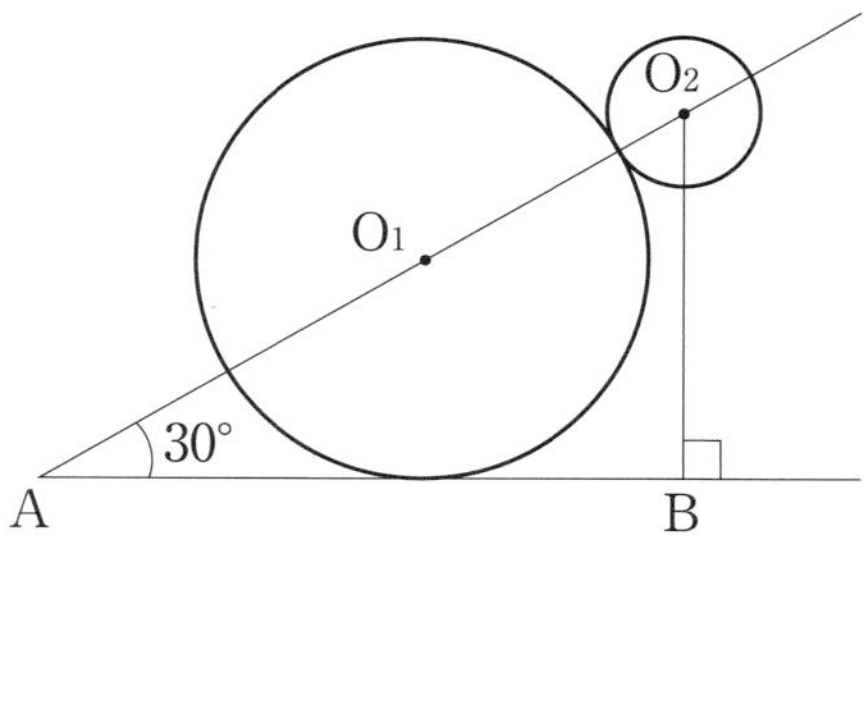

解答　(1) 6cm　(2) 4cm　(3) $\frac{25}{2}\sqrt{3}$㎠

東京都板橋区稲荷台27-1
都営三田線「板橋本町駅」徒歩8分、JR埼京線「十条駅」徒歩12分
TEL　03-3963-4711
URL　http://www.teikyo.ed.jp/

入試日程

推薦入試　1月22日（水）
併願優遇　2月10日（月）
一般入試　2月10日（月）
帰国生入試　1月22日（水）

私立高校の入試問題に

北《きた》鎌《かま》倉《くら》女子《じょし》学園《がくえん》高等学校

神奈川県鎌倉市山ノ内913

JR横須賀線・湘南新宿ライン「北鎌倉駅」徒歩約7分

TEL　0467-22-6900

URL　http://www.kitakama.ac.jp/

音楽科　入試実技試演会

12月14日（土）9:30～
（小6、中3対象）

問題

2つの正の数a，bについて、次の計算の決まりを定めます。

a◎bは$2a$と$3b$の平均を表す。
a△bは$\sqrt{a}$と$\sqrt{b}$の積を表す。

次の問いに答えなさい。

(1)（4△3）◎6を求めなさい

(2) $x>2$について、2△（$x-2$）＝6が成り立つとき、xの値を求めなさい。

解答　(1) $2\sqrt{3}+9$　(2) $x=20$

青《せい》稜《りょう》高等学校

東京都品川区二葉1-6-6

東急大井町線「下神明駅」徒歩1分、JR京浜東北線・りんかい線「大井町駅」徒歩7分

TEL　03-3782-1502

URL　http://www.seiryo-js.ed.jp/

問題

右の図のように，2点A，Bは放物線$y=2x^2$上の点で，2点C，Dは放物線$y=-\frac{1}{4}x^2$上の点である。また，線分CAとDBを延長すると，y軸上の点Eで交わる。点Bが線分EDの中点で，点A，Bのx座標がそれぞれa，1であるとき，次の問いに答えよ。ただし，$a<0$とする。

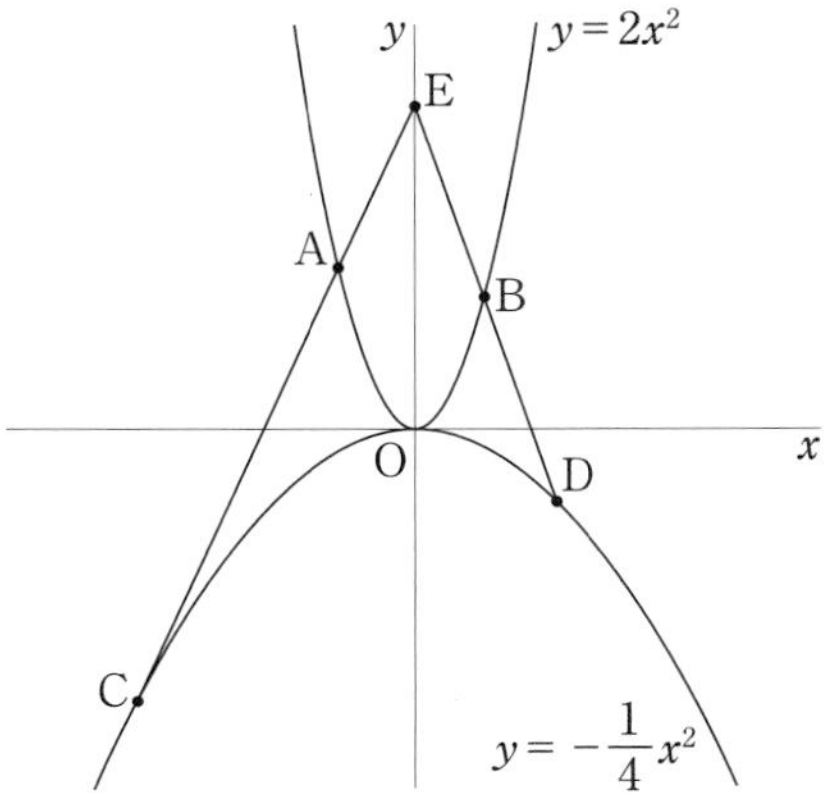

(1) 直線BDの式を求めよ。

(2) △EADと△CADの面積比が1：3であるとき，aの値を求めよ。

解答　(1) $y=-3x+5$　(2) $a=-\frac{\sqrt{5}}{2}$

お便りコーナー

サクセス広場

あなたの元気のもとは?

炭酸飲料。学校では飲めないので。部活が終わって家に帰って飲んだときの幸せったらないです！
（中２・部活がキツイ！　さん）

ラジオを聞くことです。勉強の合間や退屈なとき、つらいときなどにさまざまな歌や意見を聞くと元気になれます！
（中１・ゆいゆいさん）

母のご飯です。部活や塾で帰りが遅くても温かいご飯が用意されていると、明日も頑張ろうという気持ちになります。お母さん、いつもありがとう！
（中２・T・Mさん）

たっぷりと寝ることです。睡眠不足だとなにもする気が起きなくなります。寒くなってきたのでいっそ冬眠したいです！
（中１・なまけものさん）

ペットのザリガニと戯れていると元気になれる！　元気なザリガーとおとなしめのザリリンの２匹がいるんだけど、どっちもかわいいんだよな〜。
（中２・ザリガニが友だちさん）

歌です。悲しいときは元気な歌を聴いてテンションあげたりできます！友だちと共通の趣味でその歌手について語りあうのも、とっても楽しい！
（中２・team ℃-uteさん）

休み時間の過ごし方

休み時間は毎時間教室では過ごしません。友だちとわざわざ１階のカフェテリアに行き**iPadでYouTube**を見ます。
（中１・校則違反やないさん）

色々な人やモノを**スケッチ**しています。ノートに簡単に描くだけですけど、いい息抜きになります。
（中３・裸の大将さん）

自分たちで自作した**ボードゲーム**をやります。英語の勉強にもなるように作ったので、先生もOKしてくれています。
（中２・B・Gさん）

好きな先輩に会えないかなと休み時間のたびに**廊下をうろうろ**しています。
（中２・A・Nさん）

受験生なので**勉強**してます。先生に質問に行ったり、友だちと問題を出しあったり。
（中３・合格するぞ！　さん）

休み時間は貴重な**睡眠時間**。チャイムで起きないときは隣の子に起こしてもらうことも…（笑）。
（中１・おねむさん）

自分が成長したなと思うとき

小学３年生の弟が**わけのわからない攻撃**をしてきても、笑って許してあげられるようになったとき。
（中１・笑笑さん）

朝自分で起きられるようになったときに、成長を感じました！
（中１・布団大好きさん）

先生のさむ〜いジョークを**笑ってあげられる**ようになったとき。
（中３・ダジャレンジャーさん）

注射で泣かなくなったとき！注射が大嫌いで昔はよく泣いてたんだけど、この前インフルエンザの注射をしたとき泣かなかった！
（中１・プスっとさん）

苦手だった**図形の問題がすらすら解けた**ときです。苦手を克服するために色々頑張ったから嬉しかった！
（中３・数学きらいさん）

募集中のテーマ

「教えて! お年玉の使い道」
「冬の楽しみと言えば?」
「最近食べたおいしいもの」

応募〆切 2014年1月15日

必須記入事項

A／テーマ、その理由　B／住所　C／氏名
D／学年　E／ご意見、ご感想など

ハガキ、FAX、メールを下記までどしどしお寄せください!
住所・氏名は正しく書いてください!!
ペンネームは氏名のうしろに(　)で書いてネ!
【例】サク山太郎(サクちゃん)

あて先

〒101-0047　東京都千代田区内神田2-4-2
グローバル教育出版　サクセス編集室
FAX:03-5939-6014　e-mail:success15@g-ap.com

ここにメールしてね!!

ケータイから上のQRコードを読み取り、メールすることもできます。

掲載されたかたには抽選で図書カードをお届けします!

掲載にあたり一部文章を整理することもございます。個人情報については、図書カードのお届けにのみ使用し、その他の目的では使用いたしません。

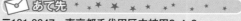

イベント

青梅だるま市

1月12日(日)
住江町交差点～市民会館前交差点

合格祈願にもぴったり！冬の風物詩「だるま市」

旧青梅街道の住江町交差点～市民会館前交差点にかけて露店が立ち並ぶ青梅だるま市は、神社の境内などで行われる一般的なだるま市とはひと味違うにぎやかさが魅力。毎年大勢の人でにぎわう冬の風物詩だ。大小さまざまな赤いだるま（なかには青や黄色などカラフルなものも！）がたくさん並ぶ様子は一見の価値あり。机の上に置けるような小ぶりでかわいらしいものもあるので、受験生の合格祈願にもいいね。

アート

国際浮世絵学会創立50周年記念 大浮世絵展

1月2日(木)～3月2日(日)
江戸東京博物館

葛飾北斎「富嶽三十六景 凱風快晴」 大判錦絵 天保2年(1831)頃 ベルリン国立アジア美術館蔵©Staatliche Museen zu Berlin, Museum für Asiatische Kunst, photography Jürgen Liepe
展示期間：1/2(木)～2/2(日)

「大浮世絵展」の招待券を5組10名様にプレゼントします。応募方法は69ページを参照。

あなたの好きな浮世絵に出会える！

新年1月2日から、江戸東京博物館で大規模な浮世絵展が開催される。

浮世絵の研究などを目的として活動する国際浮世絵学会の創立50周年を記念して、約340点の浮世絵の名品を世界各地から一堂に集め、浮世絵の全史を誕生期から昭和まで通覧できる内容は、まさに「浮世絵の教科書」。写楽や歌麿、北斎、広重などだれもが知っている有名作品に会いに行こう。

アート

モネ、風景をみる眼 19世紀フランス風景画の革新展

12月7日(土)～3月9日(日)
国立西洋美術館

クロード・モネ《バラ色のボート》1890年 油彩/カンヴァス ポーラ美術館

「モネ展」の招待券を5組10名様にプレゼントします。応募方法は69ページを参照。

モネの「素晴らしき眼」は風景をどのようにとらえたか

印象派を代表するフランスの画家、クロード・モネ。戸外の光の表現を追求し続けたモネを、画家セザンヌは「モネは眼にすぎない。しかし何と素晴らしき眼なのか」と賛辞しています。モネの眼は風景をどのようにとらえ、カンヴァスの上にどのような絵画空間を生み出し、そして深化したのか…。モネ作品35点を中心にマネからピカソまで同時代の約100点の作品からモネの「眼」の軌跡を探る展覧会だ。

サクセス イベント スケジュール 12月～1月

世間で注目のイベントを紹介

年越しそば

12月31日の大晦日に、縁起をかついで食べる年越しそば。そばはうどんやほかの麺類と比べて切れやすいことから、「今年1年間の災厄を断ち切る」という意味が込められている。年越しそばは日本独自の風習で、江戸時代には定着していたというから驚きだね。

展示

THE 世界一展 ～極める日本！モノづくり～

12月7日(土)～5月6日(火・祝)
日本科学未来館

世界に誇る日本の「モノづくり」

日本には、デジタルカメラや内視鏡、エレクトロニクス関連部品など、世界シェア100%近くを誇るまさに世界一の企業がひしめいている。そんな日本の「モノづくり」に焦点をあてたユニークな企画展が「THE 世界一展」だ。世界でオンリーワン・ナンバーワンの価値を持つ製品・技術がなんと200点以上も集結。多彩な「世界一」を古代から現代へ総覧しながら、日本の技術文化について学ぶことができる。

写真

植田正治とジャック・アンリ・ラルティーグ —写真であそぶ—

11月23日(土・祝)～1月26日(日)
東京都写真美術館

植田正治 パパとママとコドモたち(I) 1949年

撮ることを楽しんだ2人のアマチュア写真家

出生地である鳥取を拠点に写真活動を行った植田正治と、フランス人写真家のジャック・アンリ・ラルティーグ。2人の共通点は生涯アマチュア精神を貫き、写真を撮ることを純粋に楽しんでいたこと。176点の作品から、2人の写真がいかに独特であり、時代性をとらえていたかを紹介する写真展だ。偉大な写真家の作品を通して「人間にとって写真とはいったいなにか」を考えてみよう。

アート

人間国宝展 —生み出された美、伝えゆくわざ—

1月15日(水)～2月23日(日)
東京国立博物館

耀彩壺「恒河」徳田八十吉(三代)作 平成15年(2003) 小松市立博物館蔵

「人間国宝展」の招待券(「クリーブランド美術館展」との2展共通券)を5組10名様にプレゼントします。応募方法は69ページを参照。

生きた伝統とはなにか わざが生み出す美の世界

上野の東京国立博物館と東京都美術館がコラボレーションした「日本美術の祭典」が2014年1月から始まる。日本美術を堪能できる3つの展覧会が開催されるが、その1つが工芸美術部門の人間国宝の作品を集めた「人間国宝展」だ。「人間国宝」とは、重要無形文化財の保持者として国から認定された人物をさす。貴重な人間国宝の作品が一堂に会した展覧会で、わざが生み出す美の世界を堪能しよう。

Success15 Back Number

2013
12月号

東京大学ってこんなところ
東大のいろは
「ゆる体操」でリラックス

SCHOOL EXPRESS
早稲田大学高等学院

Focus on
埼玉県立浦和第一女子

2013
11月号

教えて大学博士！
なりたい職業から学部を考える
学校カフェテリアへようこそ

SCHOOL EXPRESS
慶應義塾志木

Focus on
千葉県立東葛飾

2013
10月号

模試を有効活用して
合格を勝ち取る！
中1・中2 英・国・数

SCHOOL EXPRESS
桐朋

Focus on
神奈川県立川和

2013
9月号

SSHの魅力に迫る！
東京歴史探訪

SCHOOL EXPRESS
法政大学第二

Focus on
東京都立立川

2013
8月号

現役高校生に聞いた！
中3の夏休みの過ごし方
自由研究のススメ

SCHOOL EXPRESS
中央大学附属

Focus on
埼玉県立浦和

2013
7月号

学校を選ぼう
共学校・男子校・女子校のよさを教えます！
使ってナットク文房具

SCHOOL EXPRESS
栄東

Focus on
神奈川県立横浜翠嵐

2013
6月号

今年出た！ 高校入試の
記述問題にチャレンジ
図書館で勉強しよう

SCHOOL EXPRESS
青山学院高等部

Focus on
東京都立国立

2013
5月号

難関校に合格した
先輩たちの金言
英語で読書

SCHOOL EXPRESS
山手学院

Focus on
東京都立戸山

2013
4月号

早大生、慶大生に聞いた
早稲田大学・慶應義塾大学
学校クイズ

SCHOOL EXPRESS
東邦大学付属東邦

Focus on
千葉市立千葉

2013
3月号

みんなの視野が広がる！
海外修学旅行特集
部屋を片づけ、頭もスッキリ

SCHOOL EXPRESS
早稲田実業学校

Focus on
東京都立日比谷

2013
2月号

これで安心
受験直前マニュアル
知っておきたい2013こんな年！

SCHOOL EXPRESS
城北埼玉

Focus on
神奈川県立横浜緑ヶ丘

2013
1月号

冬休みにやろう！
過去問活用術
お守りに関する深イイ話

SCHOOL EXPRESS
中央大学

Focus on
埼玉県立越谷北

2012
12月号

大学キャンパスツアー特集
憧れの大学を見に行こう！
高校生になったら留学しよう

SCHOOL EXPRESS
筑波大学附属駒場

Focus on
東京都立青山

2012
11月号

効果的に憶えるための
9つのアドバイス
特色ある学校行事

SCHOOL EXPRESS
成城

Focus on
神奈川県立柏陽

2012
10月号

専門学科で深く学ぼう
数学オリンピックに
挑戦!!

SCHOOL EXPRESS
日本大学第二

Focus on
東京都立両国

2012
9月号

まだ間に合うぞ!!
本気の2学期!!
都県別運動部強豪校!!

SCHOOL EXPRESS
巣鴨

Focus on
千葉県立佐倉

2012
8月号

夏にまとめて理科と社会
入試によく出る
著者別読書案内

SCHOOL EXPRESS
國學院大學久我山

Focus on
東京都立西

これより前のバックナンバーはホームページでご覧いただけます（http://success.waseda-ac.net/）

サクセス15 バックナンバー 好評発売中！

How to order バックナンバーのお求めは

バックナンバーのご注文は電話・FAX・ホームページにてお受けしております。詳しくは80ページの「information」をご覧ください。

＜コーナー名＞

＜本文中記事＞

編集後記

すっかり寒くなり、今年も残すところあとわずかですね。みなさんにとって今年はどのような1年でしたか？　中学生活を満喫した1年、部活に没頭した1年、いままでで最も勉強した1年など、それぞれに思い出深い2013年だったと思います。

私にとって2013年は、初めて経験することがたくさんあった年でした。近年では最も変化に富んだ、新鮮で充実した1年となりました。

入試まであと少しのこの時期、受験生にとっては、クリスマスやお正月どころではないかもしれませんが、今年の頑張りはきっと来年につながります。体調管理をしっかりとして、よいお年をお迎えください。　（S）

Information

『サクセス15』は全国の書店にてお買い求めいただけますが、万が一、書店店頭に見当たらない場合は、書店にてご注文いただくか、弊社販売部、もしくはホームページ（下記）よりご注文ください。送料弊社負担にてお送りします。

定期購読をご希望いただく場合も、上記と同様の方法でご連絡ください。

Opinion, Impression & etc

本誌をお読みになられてのご感想・ご意見・ご提言などがありましたら、ぜひ当編集室までお声をお寄せください。また、「こんな記事が読みたい」というご要望や、「こういうときはどうしたらいいの」といったご質問などもお待ちしております。今後の参考にさせていただきますので、よろしくお願いいたします。

サクセス編集室
TEL 03-5939-7928
FAX 03-5939-6014

高校受験ガイドブック2014 1 サクセス15

発行　2013年12月14日　初版第一刷発行
発行所　株式会社グローバル教育出版
〒101-0047 東京都千代田区内神田2-4-2
TEL　03-3253-5944
FAX　03-3253-5945
http://success.waseda-ac.net
e-mail　success15@g-ap.com
郵便振替　00130-3-779535
編集　サクセス編集室
編集協力　株式会社 早稲田アカデミー

Success15

1月号

Next Issue

2月号は…

Special 1

受験直前
先輩たちはこう過ごした

Special 2

合格祈願グッズ

School Express

開成高等学校

Focus on 公立高校

千葉県立千葉高等学校